현대인의
성 윤 리
가 이 드

현대인의 성윤리 가이드
현대성윤리문화교육원 기본과정 100문 100답

발행일	2025년 3월 17일 초판
지은이	류현모 · 황선우 · 길원평 · 임수현 · 정소영
	이상현 · 민성길 · 지영준 · 이명진
펴낸곳	밝은생각
등록번호	제2012-000057호
주소	서울시 서초구 방배천로18길10
전화	02-2671-2468
이메일	cfms112@naver.com
ISBN	979-11-90719-20-9 (93190)

※ 저작권자의 허락없이 이 책의 일부 도는 전체를 무단복제, 전재, 발췌하면 저작권법에 의해 처벌을 받습니다.

현대인의 성윤리 가이드

현대성윤리문화교육원
기본과정 100문 100답

류현모 · 황선우 · 길원평 · 임수현
정소영 · 이상현 · 민성길 · 지영준 · 이명진

밝은생각

이 책의 이용법

젠더 이데올로기의 강력한 도전이 이 시대에 진행되는 가운데 동성애는 동성 간의 성관계의 문제에만 머무르는 것이 아니라 종교, 문화, 교육, 법 등 사회 체제 전반을 파괴적으로 바꾸는 기폭제가 되고 있다. 안타깝게도 목회자들 가운데 상당수가 젠더 이데올로기와 동성애에 대하여 충분히 이해하지 못하고 있으며, 효과적으로 대응하지 못할 뿐만 아니라, 교인들을 바르게 지도하지도 못하는 실정이다.

이에 현대성윤리문화교육원에서는 젠더이데올로기와 동성애 문제를 신학, 철학, 의학, 법학, 교육, 문화, 현장 운동 등의 다양한 분야에서 포괄적이고도 심층적으로 교육하고 훈련하는 과정을 마련하고 과정을 성공적으로 이수한 목회자와 성도들에게 수료증을 발급함으로써 전문가 수준의 대응 역량을 가진 그리스도인들을 양성하고자 한다.

지금까지 기본과정 10기까지 배출하면서 반복적으로 제기된 문제는, 젠더 이데올로기의 사회적, 문화적 그리고 역사적 배경이 길고, 그 형성에 많은 사람이 관여되어 있어서, 한번의 강의로 즉각적 이해가 어렵다는 것이다. 또 현대 사회의 제도와 관련된 법적인 문제와 육체와 정신의 혼란이나 질환과 연관된 의학적, 과학적 전문지식이 부족한 까닭에 어렴풋이 이해는 하지만 이를 다른 사람에게 설명하거나 자기 의견으로 주장하기에는 여전히 부족함을 호소하고 있다.

이러한 수강자들의 의견을 받아들여 『현대인의 성윤리 가이드』라는 제목으로 수강한 모든 분이 다른 사람을 일대일로 양육할 수 있도록 100문 100답의 요약본을 만들었다. 여기에 있는 내용만이라도 자기 것으로 만듦으로써, 다른 사람들에게 이 내용을 설명하고 전파할 수 있도록 이 소책자를 준비하였다. 여기에서 부족한 내용들은 앞으로 QR코드 링크를 만들어 더 깊은 지식으로 확장할 수 있도록 발전시킬 예정이다. 그리고 다른 사람과의 대화 과정에서 이곳에서 배운 지식으로 그들을 제압하려 하지 말기를 간곡히 부탁드린다. 논쟁에서는 이기고 그 사람을 잃는 어리석음을 범하면 안 되기 때문이다. 이 책은 100개의 질문과 그 답으로 구성이 되어 있다. 자신이 가장 잘 아는 내용을 온유와 두려움으로 질문하고, 상대가 생각하고 공부해 볼 시간을 주는 것이 더 효과적이다.

이 책으로 함께 공부하는 동역자들도 각 부문별로 이해를 증진할 수 있는 글, 동영상, 책, 강의 등의 링크들을 제안하여 이 『현대인의 성윤리 가이드』 일대일 양육 소책자가 더욱 깊이와 넓이가 확장될 수 있기를 기대한다.

2024. 10. 20
현대성윤리문화교육원 원장 류현모

목차

이 책의 이용법   5

1 성적지향과 동성애 _ 류현모   11

2 성경이 말하는 동성애 _ 황선우   41

3 동성애는 유전이 아니다 _ 길원평   73

4 성 혁명의 도구, 차별금지법 _ 가브리엘 쿠비   115

5 의학이 말하는 동성애 _ 임수현   149

6 미국의 동성결혼 합법화 과정 _ 정소영   197

7 동성애, 동성혼에 대한 국제법, 세계 각국의 법과 한국법 _ 이상현
219

8 성과 젠더 _ 민성길
241

9 성적지향과 젠더정체성에 관한 법령의 문제점 _ 지영준
295

10 생명과 성 윤리에 관한 성경적 관점 _ 이명진
321

1
성적지향과 동성애

류현모(서울대 명예교수)

성 혹은 성별이라는 용어는 남녀의 성적 구별을 나타내는 말로 서로 혼용할 수 있는 단어다. 태어날 때 부여받은 생물학적 성 혹은 성별을 영어로는 Sex라고 말한다. 반면 생물학적 성과 별개로 자기 스스로 자신의 성별을 결정할 수 있다고 주장하는 사람들이 있는데 그것을 사회적 성이라 하고 젠더로 표현한다. 젠더주의자들은 기존의 용어체계를 혼란스럽게 흔든 다음 자기들이 주장하는 개념을 그 용어에 주입하기 때문에, 이런 용어들을 잘 분별하여 듣고, 이해하고, 사용해야 한다.

1

성적지향과 젠더정체성을 구분하여 설명하라

가. 성과 젠더의 구분

성 혹은 성별이라는 용어는 남녀의 성적 구별을 나타내는 말로 서로 혼용할 수 있는 단어이다. 태어날 때 부여받은 생물학적 성 혹은 성별을 영어로는 Sex라고 말한다.

반면 생물학적 성과 별개로 자기 스스로 자신의 성별을 결정할 수 있다고 주장하는 사람들이 있는데 그것을 사회적 성이라 하고 영어로 Gender라고 한다. 우리 말에는 이런 표현이 없으므로 외래어로 받아들여 젠더로 표현한다. 젠더주의자들은 기존의 용어체계를 혼란스럽게 흔든 다음 자기들이 주장하는 개념을 그 용어에 주입하기 때문에, 우리는 이런 용어들을 잘 분별하여 듣고, 이해하고, 사용해야 한다.

나. 성적지향(sexual orientation: SO)

성적지향 혹은 취향은 자신이 성적으로 어떤 대상에 더 끌리는지에 관한 표현이다. 이성에 성적으로 이끌리면 이성애자, 동성에 이끌리면 동성애자, 양쪽 모두에 이끌리면 양성애자라고 말한다. 대부분은 성적으로 이성에 이끌리기 때문에 이성애자들이 성적지향의 다수이고, 동성애자와 양성애자는 성소수자가 된다.

동성애자 중에서도 여자가 여자에게 성적으로 끌리면 여성 동성애자(Lesbian), 남자가 남자에게 성적으로 끌리면 남성 동성애자(Gay)라고 한다. 성소수자 집단을 통칭할 때, LGBT라 부른다. 앞의 셋인 Lesbian, Gay, Bisexual이 성적지향과 연관되는 용어이다.

다. 젠더정체성(gender identity: GI)

젠더정체성은 자신의 성적 구별에 대해 스스로 어떤 정체성을 가지고 있느냐를 묻는 것이다. 생물학적 성의 구별(성별)은 남자와 여자 두 종류 외의 다른 구분은 없고 정자와 난자가 수정하는 순간에 결정되므로 개개인에게 물어볼 필요도 없는 것이다. 그러나 서양에서 포스트모더니즘, 네오막시즘의 성 혁명 사조와 함께 사회적 성을 의미하는 젠더라는 개념을 도입하였다. 처음 gender라는 용어가 도입되었을 때는 sex와 구별 없이 혼용되었다. 그러나 세월이 흐르면서 성 혁명의 물결이 휩쓴 후에는 젠더를 생물학적 성과는 구분하여 스스로 선택할 수 있는 성별을 정의하는 데 사용하고 있다. 처음에는 젠더의 종류에 성전환자(transgender)밖에 없었으나 LGBTQIA2S+ {성전환자(Transgender), 이상한 성(Queer), Intersex(간성), Agender(무성), 2 Spirit(두 개의 정신), +}를 포함해 점점 수가 늘어나서 어떤 단체에서는 68 개[1], 많게는 3,000여 개의 젠더[2]가 시중에 통용되고 있다고 한다. 자기 마음대로 정할 수 있는 자유를 주었기 때문에 그 종류는 지속적으로 증가할 것으로 보인다. 이처럼 스스로가 자기 마음대로 남녀 이외의 다른 젠더를 선택한 사람들을, 생물학적 성을 그대로 받아들인 다수에 대해 젠더정체성의 성소수자로 말한다.

라. 간성(intersex)

이것은 오해의 소지가 있는 잘못된 용어이며, 공식적인 의학용어가 아니다. 이것은 성혁명 주도 세력이 남녀 양성의 이분법적 성별을 파괴하고, 제3의 성을 주장하기 위해 만들어 낸 용어다. 공식적 의학용어는 성발달질환(disorder of sexual development, DSD)으로 정자와 난자가 정소와 난소에서 각각 만들어지는 과정에서 발생한 문제로

---

1 Mere Abrams, "68 Terms that describe gender identity and expression." healthline.com February 9, 2022, https://www.healthline.com/health/different-genders
2 젠더이념의 거짓 드러내기, 제프 마이어스와 브랜든 쇼월터, 2024, 밝은생각 p. 17

인해 발생하며, 이들 중 극히 일부에서 모호한 생식기 형태로 인해 남녀 구분이 어려운 선천성 질환이다. DSD는 국제질병분류(ICD-10)나 한국표준질병사인분류에서도 질병으로 분류하고 있다. 성혁명 세력은 간성이란 용어의 의도가 들통나자, DSD를 질병이 아닌 정상이고, 성발달차이(difference of sexual development)라 부르며 용어의 혼란을 다시 시도하고 있다. 성발달질환은 잘못된 정자와 난자의 수정으로 인해 발생하는 선천성 질환으로 전장 유전체 서열분석과 유전학적 방법으로 원인을 명확하게 진단할 수 있으며 크게 3가지로 분류할 수 있다.

a. 성염색체 숫자의 이상

생식기 형태와 성별 구분에는 전혀 문제가 없다. 다운 증후군(21번 염색체)과 같이 정자와 난자의 생식세포 분열 과정에서 성염색체의 비분리(nondisjunction)[3] 때문에 발생한다. 대부분의 경우 생식능력 상실이 동반되며 치료는 불가능하다.

b. 성염색체와 반대되는 생식기 형태를 가진 경우

생식기 형태를 결정하는 Y-염색체의 SRY 부위가 X-염색체와 잘못 교차가 일어나서 발생한다. 생식능력 상실, 치료 불가능하며, 질환의 문제를 완화하기 위해 소아청소년과, 유전학, 내분비내과, 정신

---

3 https://en.wikipedia.org/wiki/Nondisjunction

과, 협진이 필요하다.

c. 성호르몬이나 생식기 발달에 관여하는 호르몬을 만드는 효소 혹은 그 호르몬의 수용체에 발생한 돌연변이로 발생
발병율이 0.1-0.2% 정도이다. 유전자 하나의 돌연변이로 발생한 경우 치료의 가능성이 있다. 소아청소년, 유전학, 내분비내과, 정신과, 남녀 성의학 관련 협진이 필요하다. 아쉬케나지 유대인처럼 근친혼을 오래 유지한 종족에서는 발생빈도가 높게 나타난다(-2%).

젠더정체성은 성적지향과 관련이 있을 수도 있지만, 어떤 경우에는 성적지향과는 전혀 무관하게 자신의 젠더정체성을 선택할 수 있다. 따라서 동성애자와 젠더 소수자는 구분해서 볼 필요가 있다. 단, 성소수자 집단으로서의 권익을 위해 싸울 때 SOGI 소수자 집단으로 힘을 합칠 뿐이다. 그러나 이들 집단끼리 항상 협조적인 것은 아니다. 레즈비언 페미니스트가 "생물학적 남성이면서 여성이라 말하는(MTF) 트랜스젠더들이 스포츠계에서 여성들의 권리를 침해한다고" 말했다가, 젠더주의자들에게 집중 공격을 받은 것이 그 좋은 예다.[4]

---

4 https://www.donga.com/news/Inter/article/all/20190218/94175381/1

2
성적자기결정권이란?

　서울시 학생인권조례[5]에는 '성적자기결정권'이라는 성 혁명적 용어가 포함되어 있고, 공교육 교과서나 성교육 현장에서 이 용어가 자주 사용되고 있다. 성 혁명 이념을 주장하는 사람들은 이 용어를 통해 어린 청소년들에게까지 "모든 성적 행동을 자기 뜻에 따라 결정할 수 있다"라는 생각을 은연중에 심어준다. 성행위의 대상(남녀노소), 시기, 방식 등 성과 관련된 모든 행동은 선생님도 부모님도, 다른 어떤 사람도 간섭할 수 없는 자기의 인권이며 간섭하는 행위는 인권을 억압하는 행위로 간주한다는 생각을 은연중에 심어준다.

5　https://www.law.go.kr/LSW/ordinInfoP.do?ordinSeq=1388897

대한민국 교육부는 2022년 말 교육과정의 내용 개편 과정에서 성 혁명 용어인 '섹슈얼리티'를 교육과정에서 삭제했다. 동시에 '성적자기결정권'이라는 용어가 "본래 의도했던 강압적인 성관계 요구 등으로부터 스스로 지킨다는 의미 이외에 다른 의미, 특히, 성 혁명적 내용이 포함되는 의미로 해석되지 않도록 유의한다."라는 취지의 내용을 국가교육위원회(국교위)의 의결[6]에 따라 수정 고시한 것은 의미가 있다.

국교위의 의결에는 "성적자기결정권이라는 용어에 대해 성전환, 조기성애자가 발생하지 않도록 교육적으로 충분히 안내해 주어야 함"이라는 꼬리표가 명확히 붙어있다. 이 의결은 '성적자기결정권'이라는 한 용어의 의미에만 제한되는 것이 아니다. '성적자기결정권'이라는 용어가 성 혁명에서 차지하는 핵심적 지위와 거기에 달린 꼬리표의 정확한 의미는 대한민국 교육과정에서는 성 혁명 관련 교육을 허용하지 않겠다는 국교위와 교육부의 법적 권위를 가진 결단이 담긴 것이 분명하다.

따라서 2015년 이전 교육과정에 들어온 다른 성 혁명적 용어들인, "다양성 존중, 사회-문화적 성, 성인지(감수성), 성 건강권, 혐오-편견-차별 표현 금지 등" 용어의 의미에 대하여도 똑같이 적용되어, 이 용어들이 성전환, 동성애, 조기성애화, 낙태 등을 정당화하는 의미가 포함되지 않도록 유의해야 한다는 결단으로 해석되어 마땅하다. 또한, 동성애-성전환-조기성행위-낙태에 대하여 비판, 반대, 위험성 경고하는 것을 혐오-편견-차별로 규정하고 그런 표현을 금지하는 차별금지법

(이하 차금법) 내용도 반대한다고 보는 것이 마땅하다.

따라서 모든 학부모는 자녀들의 교과서 속에 이런 내용이 포함되어 있을 때 즉시 그 교과서 출판사와 저자에게 항의하고, 그런 교과서를 선택한 학교장과 담당 교사에게 항의하여, 이런 내용을 우리 자녀들에게 아무 저항 없이 가르치는 것을 막아야 한다.

성 혁명적 용어인 '성적자기결정권'에는 동성애 같은 성적지향과 젠더정체성의 선택 역시 자기가 결정할 수 있는 인권이라는 뜻도 은연중에 포함되어 있다. 그러나 이것은 결코 보편적 인권일 수 없다.

1) 동성애나 트랜스젠더는 생물학에 역행하며, 건강을 심각하게 저해한다. 즉 자기 몸을 스스로 심각하게 해치는 행위를 보편적 인권으로 인정할 수는 없다. 마약, 술, 담배 같은 중독성 물질을 사용하는 것을 천부적 인권으로 보호하라는 것과 같다.

남성 동성애는 항문성교를 의미한다. 잦은 항문성교로 항문의 괄약근을 다치면, 기침만 해도 변이 흘러내리는 변실금이 발생한다. 항문 바로 안쪽은 큰창자의 마지막 부분인 직장인데, 이곳은 대변 속의 수분을 흡수하는 기능이 있다. 장의 흡수하는 상피는 한 층의 얇은 세포층으로 구성되어 있어서 항문성교 같은 강한 물리적 자극에 취약하여 찢어지기 쉽다. 반면 여성의 질은 두꺼운 상피층을 가지고 있어 같은 자극에도 찢어지지 않는다. 상피가 찢어지면 외부의 세균이나 바이러스가 잘 침범할 수 있다. 남성 동성애자에게 HIV, 매독[7,8], 임질, 간염, 헤르페스, 등 다양한 성 매개 질환의 이환율이 높은 것은 이런 이유[9]이다.

2) 트랜스젠더는 자신의 생물학적 성과는 다른 성으로 스스로의 정체성을 선택한 사람으로 그 원하는 성의 성징을 나타내기 위해 반대 성호르몬을 투여하거나 생식기 성형수술을 시행하는 사람들을 말한다. 호르몬은 몸의 항상성을 유지하기 위해 그 분비되는 시기나 양이 자동조절 되는 것이 특징이다. 그러나 성전환을 위해 복용하는 호르몬은 필요한 시기와 무관하게, 필요한 양보다 훨씬 많은 양을 평생 투여해야 하므로 심각한 문제를 일으킨다.

생식기 성형수술은 생식기 모양만 바꿀 뿐 절대로 성 기능이나 생식기능을 발휘할 수 없고, 잘못된 수술로 인해 반복된 성형수술이 필요해 금전적 부담이 엄청나게 발생한다. 이처럼 젠더정체성을 바꾸는 것은 자신의 건강을 스스로 해치는 행동을 선택하는 것이므로 보편적 인권이라 주장할 수 없다. 이런 의학적 문제를 유발하는 동성애자나 트랜스젠더가 되는 것은 결코 권장할 만한 것이 아니며, 더구나 이것(SOGI 성소수자가 되는 것)을 장려할 뿐만아니라, 반대할 수도 없게 하는 차금법은 결코 인권을 증진하는 것이 아니다.

---

6 https://www.ne.go.kr/new/skin/doc.html?fn=5354a40c-dcb7-42fa-bf96-0a7bab78f39a&rs=/upload/bbs/2024/6/3/
7 https://www.cdc.gov/msmhealth/for-your-health.htm
8 국내 HIV 감염자에서 매독 환자 급증, 레드리본= Red ribbon: 아름다운 사랑 & 올바른 성 no.61, 2004년, pp.30-31, 최강원 (서울의대 감염내과)
9 https://www.cdc.gov/msmhealth/index.htm

3
성전환이 가능한가?

성은 정자와 난자가 만나는 수정의 순간에 결정된다. 수정란은 하나의 세포에서 똑같은 DNA를 2배로 증폭하여 두 개의 세포로 나눠지기 때문에 우리 몸에 있는 모든 세포는 똑같은 유전정보를 가지고 있다. 즉, 수정란이 XX이면 모든 세포가 XX 염색체를 가지며 여성이 된다. 수정란이 XY이면 모든 세포가 XY 염색체를 가지며 남성이 된다.[10]

태아의 발달 과정에 수정 후 6주 경에 Y 염색체가 있으면, 생식선 세포에서 SRY/TDF 유전자에 의해 남성 호르몬인 테스토스테론이 활성화된다. 활성화된 남성 호르몬은 중성적 생식선을 남성의 정소와

---

10 https://en.wikipedia.org/wiki/Sexual_differentiation_in_humans

정관으로 발달시킨다. 반면 Y 염색체가 없으면 남성 호르몬이 활성화 되지 않아서 중성적 생식선을 여성의 난소와 난관(나팔관과 자궁)으로 발달시킨다.

일반적으로 성전환을 하는 두 단계가 있다. 첫 단계는 반대 성호르몬을 계속 투여해 주는 것이고 다음 단계는 그에 덧붙여서 생식기 성형수술까지 하는 것이다.

1) 반대 성호르몬을 많은 양 투여하면 우리 몸의 생식선에서 만들어 내는 정상적 호르몬 분비가 교란된다. 즉 생물학적 남성에게 여성 호르몬인 에스트로젠을 외부에서 과량 투여하면 정소에서 분비되던 테스토스테론 분비가 억제된다. 반대로 생물학적 여성에게 남성호르몬인 테스토스테론을 외부에서 과량 투여하면 난소에서 분비되던 에스트로젠 분비가 억제된다. 이처럼 반대 성호르몬은 원래의 성징을 억제하고, 반대 성의 성징을 부분적으로 유도한다. 그러나 생식기능과 성 기능은 얻을 수 없다. 남성이 여성호르몬을 투여하면 가슴과 엉덩이의 지방 재배치가 일어나 여성화(male to female, MTF) 된다. 그러나 생식기는 그대로이기 때문에 그 사람은 동성애 성행위를 할 수밖에 없다.

반대 성호르몬을 외부에서 많은 양을 장기적으로 투여하면 만성대사질환(당뇨, 비만, 동맥경화, 고혈압, 고지혈증 등)이 발생하기 때문에 10년 이상 계속 투여하기 힘들다. 이 때문에 반대 성호르몬 요법을 중단하면, 우리 몸의 모든 세포에서 억눌려 있던 원래의 성호르몬이 활성화되어 원래 성징의 많은 부분이 다시 회복된다.

2) 반대 성호르몬 투여로 희망했던 성전환이 미흡하다고 생각하기 때문에 생식기 성형수술을 바라게 된다. 생식기 성형수술은 큰 비용이 소요되고, 많은 부작용을 유발한다. 음경과 음낭을 제거하고 질 형성 수술을 한 경우 대부분은 협착이 일어나고 제대로 성 기능을 하기 힘들다. 질을 폐쇄하고 음경 성형술을 한 경우에도 성 기능은 불가능하다. 음경 성형수술을 한 사람들은 가슴과 얼굴, 모발, 피부 등 다른 부위까지 반복적인 성형수술을 원하게 되고 그 비용을 감당하기 힘든 경우가 많다.

요약하면, 성전환은 겉모습의 변화를 일으킬 수는 있으나 진정한 전환은 불가능하다.

4 동성애의 역사적 기록

　그리스 문명은 성적 쾌락을 긍정적으로 인정했으며 온갖 행태의 성행위가 성행했다. 기록에 의하면 매춘, 동성애, 소년 성애, 최음제 사용 등이 행해졌다. 그중 소년 성애는 성공한 남성이 어린 소년들을 성적 상대로 삼는 것이었다. 그리스의 문화를 그대로 전수한 로마 역시 비슷한 성 문화를 가지게 되었다. 사도바울과 같은 바리새인이 판단한 그리스-로마의 성문화는 타락한 것이었다. 성인 남자와 노예 소년과의 동성애가 성행하였으며, 대부분의 황제가 동성애를 한 것으로 보인다. 이런 문란한 로마의 성문화는 기독교가 국교가 되고, 기독교인이 된 황제 테오도시우스 1세에 의해 동성애가 금지되었다. 이후 중세의 유럽에서 동성애는 하나님의 창조 섭리를 거스르는 죄악으로 규정되었고, 적발되면 성기를 제거하거나, 화형에 처하는 등, 강력하게 처벌하였다. 로마 교황청 권위 아래에서 기독교를 국교로 형성된 유럽은 법의 기반을 성경의 율법에 두었기에 동성애에 대한 엄한 처벌이 전통이 되었다. 그럼에도 왕족이나 귀족, 등 사회 상류층과 사제들 사이에서는 암암리에 동성애가 성행한 것으로 보인다.

교황청 타락의 비판에서 출발한 종교개혁의 흐름은 성경의 가르침을 더 철저히 지키려는 운동으로 발전해 나갔다. 그 주도 세력이었던 청교도들이 강하게 영향을 미친 영국과 미국은 동성애를 강력하게 처벌하는 법적 근거를 판례 속에 포함하게 되었다. 2차세계대전에서 독일의 암호문을 해독하는 컴퓨터의 초기 단계의 기계를 제작했던 영국의 앨런 튜링은 그때의 큰 공로에도 불구하고 동성애자임이 발각된 후 투옥되고 처벌을 받는다.

동양의 동성애 관계는 서양에서 행해졌던 동성애와 유사한 성향을 보인다. 동성애에서 주도적 역할과 수동적인 역할이 나이, 부, 고용관계, 교육 정도에 의해 결정되는 것은 서양에서의 동성애와 비슷하다. 그러나 성경적 기준이 없었던 동양에서는 별다른 공적 제재 없이 남성 매춘이 행해진 것으로 보인다. 단, 성적인 행위를 대외적으로 드러내는 것을 금기시하던 문화로 인해 암묵적으로 행해진 것으로 보이며, 그에 대한 처벌도 미약했던 것 같다.

5

성 혁명에서 킨지보고서의 위치와 그 악영향은 무엇인가?

가. 킨지(Kinsey) 보고서란?

킨지와 그의 동료들이 출판한 두 권의 책인 "인간 남성의 성적 행동(Sexual Behavior in the Human Male, 1948)"과 "인간 여성의 성적 행동(Sexual Behavior in the Human Female, 1953)"을 가리킨다. 이들은 2차세계대전 중이던 1941년부터 미국 정부 산하의 "국립연구위원회(National Research Council)"에서 연구비를 지원받기 시작했고, 다음 해부터는 록펠러재단에서 연구비를 지원받아 연구를 수행했다. 출판한 책은 받은 연구비에 대한 보고서라는 의미로 그렇게 부른다.

나. 킨지는 말벌을 연구하던 곤충학자

　인간의 성적 행동에 관한 연구를 수행할 경력을 전혀 가지고 있지 않다. 킨지는 1919년 하버드대학에서 말벌의 행동에 관한 연구로 박사학위를 받았고, 1920년부터 인디애나대학 생물학과의 곤충학 교수로 임용, 1926년에는 진화론을 찬성하는 글을 쓴 적이 있다. 그러다가 1935년 갑자기 사람들이 인간의 성기 구조와 생리에 대해 너무 무지하다는 글을 쓴 것이 관련되는 첫 활동이다.

다. 킨지 자신이 동성애를 비롯한 모든 도착적 성행위를 찬성하고 실행했던 사람

　그는 성에 대한 사회의 모든 억압적 제도를 파괴하기를 원했다. 그 연구비로 고용된 연구원들 역시 킨지의 이런 입장에 동의하는 사람들로, 연구팀 내부의 사람들은 배우자 교환 및 갖은 도착적 성행위를 킨지의 집이나 연구소 내에서 실행하였다. 또한 그 책에 포함된 소아성애의 내용은 성범죄자의 경험을 인터뷰한 것으로 범죄행위에 해당한다. 킨지의 책들은 과학적이라는 인상을 주기 위해 많은 사람을 인터뷰하여 그 내용을 통계적으로 분석한 것처럼 했지만, 모든 통계처리가 자의적이고 비과학적이었다는 것이 나중의 조사를 통해 밝혀졌다.

라. 동료평가를 받지 않은 책의 형태로 출간

킨지의 책 내용은 학술 저널에 동료평가를 거쳐 출판된 것이 아니라, 자기 마음대로 쓸 수 있는 단행본 출판을 선택했다. 책 내용에서 많은 비판을 받는 킨지 척도(Kinsey Index)는 인간의 성적지향을 이성애와 동성애 사이에 7단계로 구분한 것이다. 이것은 남녀 양성의 구분을 흐리게 하고, 동성애자의 숫자를 부풀릴 수 있게 고안되었다.

마. 킨지 보고서의 악영향

킨지와 그 연구원들은 당시 터부시되던 성에 대한 담론을 노골적이고 충격적인 결과물을 제시하여 그 내용을 독자의 뇌리에 각인했다. 또 터부시되던 내용이라 반대 연구의 결과가 나오기까지 30-40년 이상 소요되어 독점적 지위를 부여받았다. 또 통계학적 방법을 동원하여 과학이라는 이름으로 사람들을 미혹하였다. 실제로는 거짓의 연속일 뿐이었으나, 그것이 증명되기까지 이미 40여 년의 세월이 지난 후였다. 현 상황에서 되돌아 볼 때 킨지 보고서는 전 세계인을 성적 타락의 길로 이끌었다고 말할 수 있다.

6

동성애 축제의 근원 (Gay Pride)

가. 스톤월폭동 (Stonewall riot)

뉴욕 워싱턴광장 부근의 Greenwich village에 있는 동성애자 집결지(클럽, 술집, 여관의 기능을 가진) 이름이 스톤월이다. 이태원의 어떤 사우나, 술집은 우리나라의 동성애자들이 즐겨 찾는 집결지이다. 즉, 집결지는 그들의 아지트로서 모여서 술을 마시고, 대상을 물색하고, 성행위까지 할 수 있는 장소를 말한다. 동성애의 특성상 하루에도 여러 상대와 성행위를 하기 위해서는 많은 동성애자가 모이는 집결지가 필요하다. 유럽의 성 혁명 운동인 68혁명이 일어난 다음 해에도 청교도 정신으로 세워진 국가인 미국은 동성애를 강력하게 억제하는 규범이 유지되고 있었다. 1969년 6월 28일 새벽 뉴욕시 경찰은 집결지 스톤월을 불시 검문하여 거기 있던 동성애자를 강제로 쫓아내고, 반항하는 사람을 무력으로 제압하여 유혈사태가 발생한다. 이를 목격한 인근의 주민들과 동성애자들이 힘을 합쳐 진압하는 경찰과 대치하는 폭동이 발생했고, 이런 폭력적 시위는 며칠 동안 지속되었으며, 동성애자들이 결집하고 정치적인 운동으로 발전하는 계기가 되는 사건이었다. 그들은 이 사건을 동성애자들이 공권력에 대해 승리한 날로 규정하고(Gay Pride), 이를 기념하여 1970년부터 매년 7월 1일에 동성애자들의 행진을 시작했고, 이런 행진은 뉴욕에서 미국의 대도시들로 전파되었고, 우리나라에도 이를 흉내 내어 동성애자들의 행진과 행사가 시도되고 있다.

나. 스톤월 폭동의 의미

동성애자들이 자기 권리를 주장하는 정치운동의 시발점. 이전에는 음지에서 숨었던 동성애자들이 스스로를 드러내고(coming out) 자기들의 권익을 찾으려는 계기가 되었다.

다. 스톤월 폭동의 시사점

이스라엘이라는 하나의 종족 혹은 국가는 여호와 하나님이 주신 율법 아래 유지되는 국가이며, 하나님의 율법에 동성애는 가증한 죄이고 죽일 죄로 규정되어 있었다. 중세 유럽 역시 가톨릭이 지배하는 기독교 국가로서 율법은 여전히 사회규범으로 작동하고 있었다.

그러나 다문화, 다종교 국가에서 인간이 만든 실정법에 따라 통치되던 근대국가에서는 동성애를 죄라고 규정할 수 있는 법적 근거가 희박해 졌다. 우리나라 역시 동성애를 죄라고 규정하거나 처벌하라고 주장할 수 있는 법적 근거는 없다. 따라서 기독교의 반동성애 운동에서 성경을 근거로 그들을 정죄하는 것은 그들에게 전혀 설득력이 없다. 대신 우리는 1) 우리나라의 전통적 미풍양속을 해치는 행위임을 주장할 수 있다. 2) 동성애의 성적 행동이 많은 성 매개 질환의 온상으로서 건강한 사회를 해치는 행위임을 주장할 수 있다. 3) 우리나라 가정의 근간이 되는 남녀 일부일처 제도를 파괴하고 정상적인 가정을 파괴하는 행위임을 주장할 수 있다. 4) 동성애 성행위는 임신이나 출산과 전혀 연결되지 않는 것으로, 우리가 당면한 인구문제를 더욱 악화시키는 행위임을 주장할 수 있다.

다만 그리스도인의 모임인 교회에서는 성경의 권위에 의존하여 동성애를 포함한 비정상적인 성관계를 비판하고, 교회에서 추방할 수는 있다.

7
동성애는 질환인가?

중세를 벗어나고 계몽주의가 무신론을 강화하던 19세기 후반, 서구의 의사들은 동성애를 죄라기보다 신체적, 도덕적 결함을 유발하는 "뇌의 퇴행성 병"으로 생각하였다. 동성애에 대해 최면요법, 전전두엽 절제, 전기충격 요법, 거세, 강제 불임 등 공격적이고 비인격적인 치료를 시도하였다. 20세기에 이르러 프로이트는 동성애를 오이디푸스 콤플렉스가 제대로 해결되지 못해 정신 발달이 미숙한 상태에 고착된 "노이로제" 즉 정신적 원인에 의한 뇌 질환의 하나로 보았다. 프로이트와 제자들은 동성애에 대해 정신분석적 치료를 시도했는데, 1970년대까지 거의 유일한 치료법이었고 수많은 논문이 나왔다.

미국정신의학회는 1952년 「정신장애 진단통계편람 제1판」(DSM-I)에서 동성애는 사회병질적 인격장애(Sociopathic Personality

Disorder)의 진단 범주에 포함되었고, 1968년에 개정된 DSM-II에서는 성도착 범주 내의 성적지향 장애(Sexual Orientation Disorder) 중 하나로 포함되었다. DSM의 개정을 준비하는 과정에서 앞서 말한 스톤월 폭동(1969년) 이후 정치세력화한 동성애 운동가들이 1970년부터 미국정신의학회 연례학술대회장에 기습적으로 난입하여 시위하고, 학회 이사들에게 전화 테러를 자행함으로써 1973년 개정된 DSM-III부터는 동성애가 질병분류에서 제외되었다. 그러나 동성애를 정신장애 분류에서 제외를 반대하는 정신과 의사들의 의견을 존중하여, "자아 이질적 성적지향"이라는 병명을 두어 치료를 원하는 동성애자들이 치료받을 수 있었다. 하지만 이마저도 1987년 개정된 DSM-III-R에서는 빠졌고 이제 동성애는 미국에서 더 이상 정신장애가 아니게 되었다.

한편 세계보건기구(WHO)는 국제적으로 통용되는 국제질병분류(ICD)를 제정하고 있고, 우리나라도 이를 번역하여 「한국 표준 질병 사인 분류」(KCD)로 사용하고 있다. 현재 ICD-10과 KCD에서 동성애는 "자아 이질적 성적지향"으로 성 장애의 하나로 포함되어 있다. 그러나 2018년 개정된 ICD-11부터 "자아 이질적 성적지향"은 삭제되었다. WHO도 동성애를 더 이상 병으로 보지 않는다는 의미이다. 우리나라도 이를 번역하여 2025년경에는 KCD 개정판이 나올 것이다. WHO 역시 많은 회원국이 동성애를 반대함에도 불구하고, 성 혁명이 휩쓸고 간 선진국들의 영향으로 동성애를 질병으로 인정하지 않게 된 것이다.

동성애가 질병인 것은 그 행동의 결과가 우리의 건강에 악영향을 미친다는 것이, 가장 명확한 증거일 것이다.

8

동성애는 유전인가?
동성애는 유전이 아니다.[11]

킨지가 과학이라는 이름으로 포장해 작성한 거짓된 두 권의 책 (1948-53)의 영향과 스톤월 폭동을 통한 동성애 단체의 조직화 (1969), 그 조직된 힘을 행사하여 미국정신의학회를 공격함으로써 동성애를 정신질환의 목록에서 삭제했으나, 법적으로 동성애에 우호적인 입법이나 판결을 얻을 수 없었다.

그러던 중 1993년 Science라는 저널에 "X 염색체의 DNA 마커와 남성 동성애 간의 연관성"이라는 논문이 발표되었다.[12] 이 논문은 미국국립보건원의 연구원이었던 Dean Hamer라는 동성애자가 발표

11　동성애는 유전이 아니다. 길원평 등, 밝은 생각, 2021
12　https://www.science.org/doi/10.1126/science.8332896

한 것이었다. 이 논문은 남성 동성애는 유전이기에 남성 동성애자들은 어쩔 수 없이 동성애를 할 수밖에 없다. 그러니 남성 동성애를 있는 그대로 인정하라는 취지로 인용하기 시작했다. 그들의 이런 주장은 레이디 가가 같은 유명한 가수가 "Born this way(우리는 이렇게 태어났어)"[13]라는 노래를 통해 문화적으로 사람들의 머리에 각인되었고, 성적지향과 젠더정체성의 소수자에 대한 차금법이 미국에서 입법되는 기반이 되었다.

그러나 2019년 Ganna 등은 Science 저널에 미국과 영국에서 50여만 명의 전장 유전체를 일일이 분석 비교하여 동성애를 일으키는 단일유전자는 없다는 논문을 발표[14]함으로써 모든 사람에게 동성애는 유전되기 때문에 그들은 어쩔 수 없이 동성애 성행동을 할 수밖에 없다는 주장을 명확히 반박했다. 특히 Hamer가 주장했던 X 염색체에는 동성애 관련 유전자가 없다는 것을 명확하게 규명함으로써 논란의 종지부를 찍었다. 비록 과학적 결론은 여기에 이르렀지만, 그동안 (1993-2019) 친동성애 문화, 제도, 법률이 수립 되었고, 특히 차금법이 입법됨으로 인해 이를 되돌리려는 노력을 할 수도 없는 지경에 이르렀다.

---

13 https://namu.wiki/w/Born%20This%20Way
14 https://www.science.org/doi/10.1126/science.aat7693

9
동성애가 차별금지 사유로 합당한가?

보편적 인권에 대한 차별금지는 인권 보장의 차원에서 아주 중요한 요소이다. 우리나라 헌법도 보편적 인권(천부인권)의 보장을 강조하고, 강자에 의한 약자의 차별이 있을 수 있는 부분에 관해서는 각 법률 속에 차별금지의 정신이 강조되어 있기 때문에, 별도의 차금법을 제정할 필요가 없다고 본다. 성적지향과 젠더정체성은 개인의 선택을 강조한다. 개인적 선택의 권리에는 책임이 필연적으로 따른다. 책임질 필요 없는 선택권은 다른 사람들의 권리를 침해하기 마련이다. 따라서 성소수자에 대한 차별금지는 문제가 있다.

현재 인권과 연관되는 분쟁 속에는 인권의 정의가 서로 다른 것과, 인권을 누가 부여하는가에 대한 의견 차이가 있다. 인간이 태어나면서 천부적으로 가지는 권리를 인권이라 주장하는 사람도 있고, 인권을 부여하는 절대자가 없으며 인권은 법을 집행하는 국가가 정의하고, 부여하며, 보장해야 한다고 주장하는 사람도 있다. 국가나 개인이 자의적으로 인권을 정의할 수 있다면, 서로 다른 기준을 가진 개인이나, 단체, 국가 간에 서로 다른 인권의 기준으로 인해 끝없는 분쟁이 발생할 수밖에 없다.

인권은 또한 통치권과의 균형이 중요하다. 왕이신 하나님은 이스라엘 백성들이 하나님의 법을 지킬 것을 명령하셨다. 이스라엘이 하나님께 왕을 요구했을 때, 하나님 대신 왕에게 순종할 것을 명령하고 약속을 받으셨다. 외적으로부터 국민을 지키고, 치안을 유지함으로써 모든 백성이 하나님이 명하신 창조/문화명령의 청지기로서 역할을 잘 수행할 수 있도록 질서 유지의 역할을 국가와 왕에게 부여하셨다. 그러나 타락한 인간의 본성으로 인해 통치권이 너무 강해지면 독재국가가 되고, 개인의 인권이 통치권을 무너뜨리면 프랑스 혁명, 러시아 혁명처럼 정권이 무너지고, 피의 숙청이 일어난다. 하나님은 나쁜 정부라도 그 권세에 순종하라고 명령하신다. 단, 하나님을 섬기지 말라든가, 하나님 아닌 다른 신을 섬기라는 명령에는 비폭력으로 목숨을 걸고 저항하라고 명령하신다. 무정부상태는 모든 사회 구성원이 하나님께서 인간에게 부여한 창조 사역에 전념할 수 없게 만들기 때문이다.

10
성적지향과 젠더정체성에 대한 차금법이 인정되면?

다시 말해서 동성애자와 트랜스젠더 그리고 젠더퀴어 등 성 소수자들에 대한 차금법이 통과되면 어떤 일들이 일어나는지 영국과 미국의 사례를 살펴볼 필요가 있다.

성 혁명의 이념에 사로잡힌 소수의 좌파 학자는 아주 오래전부터 대학에 똬리를 틀고 자기들의 이념이 가득 실린 논문들을 쓰기 시작한다. 이들 중 일부는 유엔의 산하단체 중에 특히 인권과 연관되는 기관의 주변에서 활동하면서 거기에서도 자신들의 주장을 특별한 원칙인 것처럼 발표한다. 그러다가 유엔 산하기관의 권고 형태로 각국에 국가인권위원회 설립을 촉진하고 그 위원회를 장악한다. 국가인권위원회는 성소수자를 비난하지 못하도록 언론인협회와 협정을 맺는다. 동성애로 인해 AIDS 발생이 급증하더라도 그것이 게이의 항문성교와 연관이 있다는 기사를 쓸 수 없다. 점점 성소수자들을 지지하는 편향된 환경이 만들어지다가 결국 차금법이 통과된다. 이 법이 통과되면 성소수자와 연관된 모든 제도나 법률의 제정에는 성소수자들을 의무적으로 포함하는 법적 근거가 조성된다. 각 위원회의 성소수자가 오직 한 명뿐일지라도 그 사람의 주장을 반대할 수 없다. 왜냐하면, 그 반대하는 행위가 성소수자를 차별하는 행위로 공격받을 수 있기 때문이다. 성소수자가 특정인이 자신을 차별했다고 제소하면 그 사람은 차별하지 않았음을 스스로 증명해야 하는데 이것은 거의 불가능하다고 한다. 차금법은 차별에 대한 형사적 처벌뿐만 아니라 민사적으로도 징벌적 손해배상이라 하여 일반적 배상의 5-10배의 과도한 배상금을 내도록 규정하고 있다.

결국 성소수자가 되는 것은 막강한 권력을 가지게 되는 것으로, 많은 사람이 성소수자가 되려고 하며, 실제로 출세를 위해 성소수자로 커밍아웃하는 사례도 있다. 차금법이 입법되면 성 혁명은 속도를 내게 될 것이며, 이전에 건전한 사회를 지탱하던 규범들은 모두 허물어지게 될 것이다. 이것이 차금법의 입법을 끝끝내 막아야 하는 이유이다.

2
성경이 말하는 동성애

황선우(총신대 교수)

동성애로 인하여 창세기 19장의 소돔과 사사기 19장의 기브아가 속한 베냐민 지파는 하나님께 큰 심판을 받았다. 소돔 땅에는 하나님께서 유황과 불을 비처럼 내려서 그 지역의 성을 멸하셨고, 사사기의 베냐민 지파는 거의 진멸되어 없어질 위기에 처했다가 600명의 남은 용사가 지파의 씨가 되어 극적으로 회생하게 된다(삿 21장). 구약의 두 개의 동성애 내러티브가 공간적 타락의 상징인 소돔과 시간적 타락의 상징인 사사시대를 배경으로 했음을 볼 때 현재 우리 사회에 동성애가 확산되는 것은 구약의 관점으로 볼 때 매우 우려스러운 일이다. 성경의 관점으로 본다면 동성애의 확산은 영적 어두움이 깊다는 것을 의미하기 때문이다.

1
성경에서 동성애를 언급한 본문은 어디인가?

성경에 동성애를 언급한 본문은 구약 11개 본문과 신약 4개 본문을 합하여 총 15개 본문이다.

가. 구약

1) 창 19:5 _ 롯을 부르고 그에게 이르되 오늘 밤에 네게 온 사람들이 어디 있느냐 이끌어 내라 우리가 그들을 상관하리라
2) 레 18:22 _ 너는 여자와 동침함같이 남자와 동침하지 말라 이는 가증한 일이니라
3) 레 20:13 _ 누구든지 여인과 동침하듯 남자와 동침하면 둘 다 가

증한 일을 행함인즉 반드시 죽일지니 자기의 피가 자기에게로 돌아가리라

4) 신 23:17-18 _ 이스라엘 여자 중에 창기가 있지 못할 것이요 이스라엘 남자 중에 남창이 있지 못할지니 창기가 번 돈과 개 같은 자의 소득은 어떤 서원하는 일로든지 네 하나님 여호와의 전에 가져오지 말라 이 둘은 다 네 하나님 여호와께 가증한 것임이니라

5) 삿 19:22 _ 그들이 마음을 즐겁게 할 때에 그 성읍의 불량배들이 그 집을 에워싸고 문을 두들기며 집주인 노인에게 말하여 이르되 네 집에 들어온 사람을 끌어내라 우리가 그와 관계하리라 하니

6) 왕상 14:24 _ 그 땅에 또 남색하는 자가 있었고 여호와께서 이스라엘 자손 앞에서 쫓아내 신 국민의 모든 가증한 일을 무리가 본받아 행하였더라

7) 왕상 15:11-12 _ 아사가 그의 조상 다윗같이 여호와 보시기에 정직하게 행하여 남색하는 자를 그 땅에서 쫓아내고 그의 조상들이 지은 모든 우상을 없애고

8) 왕상 22:46 _ 그가 그의 아버지 아사의 시대에 남아 있던 남색하는 자들을 그 땅에서 쫓아내었더라

9) 왕하 23:7 _ 또 여호와의 성전 가운데 남창의 집을 헐었으니 그곳은 여인이 아세라를 위하여 휘장을 짜는 처소였더라

10) 욥 36:13-14 _ 마음이 경건하지 아니한 자들은 분노를 쌓으며 하나님이 속박할지라도 도움을 구하지 아니하나니 그들의 몸은 젊어서 죽으며 그들의 생명은 남창과 함께 있도다

11) 에스겔 16:49-50 _ 네 아우 소돔의 죄악은 이러하니 그와 그의 딸들에게 교만함과 음식물의 풍족함과 태평함이 있음이며 또 그가 가난하고 궁핍한 자를 도와주지 아니하며 거만하여 가증한 일을 내 앞에서 행하였음이라 그러므로 내가 보고 곧 그들을 없이 하였느니라

나. 신약

1) 롬 1:26-27 _ 이 때문에 하나님께서 그들을 부끄러운 욕심에 내버려 두셨으니 곧 그들의 여자들도 순리대로 쓸 것을 바꾸어 역리로 쓰며 그와 같이 남자들도 순리대로 여자 쓰기를 버리고 서로 향하여 음욕이 불 일 듯하매 남자가 남자와 더불어 부끄러운 일을 행하여 그들의 그릇됨에 상당한 보응을 그들 자신이 받았느니라

2) 고전 6:9-10 _ 불의한 자가 하나님의 나라를 유업으로 받지 못할 줄을 알지 못하느냐 미혹을 받지 말라 음행하는 자나 우상숭배하는 자나 간음하는 자나 탐색하는 자나 남색하는 자나 도적이나 탐욕을 부리는 자나 술 취하는 자나 모욕하는 자나 속여 빼앗는 자들은 하나님의 나라를 유업으로 받지 못하리라

3) 딤전 1:9-10 _ 알 것은 이것이니 율법은 옳은 사람을 위하여 세운 것이 아니요 오직 불법한 자와 복종하지 아니하는 자와 경건하지 아니한 자와 죄인과 거룩하지 아니한 자와 망령된 자와 아버지를

죽이는 자와 어머니를 죽이는 자와 살인하는 자며 음행하는 자와 남색하는 자와 인신매매를 하는 자와 거짓말하는 자와 거짓 맹세하는 자와 기타 바른 교훈을 거스르는 자를 위함이니

4) 유 7 _ 소돔과 고모라와 그 이웃 도시들도 그들과 같은 행동으로 음란하며 다른 육체를 따라 가다가 영원한 불의 형벌을 받음으로 거울이 되었느니라

2
성경은 소돔의 동성애를 어떻게 기록하고 있는가?

　동성애에 관한 성경의 첫 번째 본문은 타락의 상징으로 잘 알려진 소돔의 동성애를 기록한 창세기 19장 1-11절이다. 구약의 첫 번째 책인 창세기에 수많은 동성애자가 있는 소돔이 기록된 것을 볼 때 동성애의 시작은 고대로 거슬러 올라감을 알 수 있다. 동성애를 뜻하는 영어 단어 'sodomy'도 바로 창세기 19장에 기원을 두고 있다.

　창세기 19장 1-11절의 내용은 이렇다. 어느 날 사람의 모습(남자)으로 나타난 두 명의 천사가 소돔에 나타나자 소돔에 거주하던 롯이 그들을 자신의 집에 손님으로 맞이하고 음식을 대접한다. 그런데 그 천사들이 자기 전에 소돔의 백성들이 롯의 집을 에워싸고 롯이 맞이한 두 남자를 내어놓으라고 말한다. 이 때 그 집을 둘러싼 소돔의 백성들을 "노소를 막론하고 원근에서 다" 모인 소돔인들이라고 기록한 것

(창세기 19장 4절)은 소돔 땅에 동성애가 얼마나 편만하게 퍼져있었는지를 보여준다. 개역개정에서 "소돔의 백성들"로 번역된 히브리어는 "안쉐 쏘돔"으로, 직역하면 "소돔의 남자들"을 의미한다. 롯의 집을 둘러싼 소돔인들은 롯에게 말한다. "오늘 밤에 네게 온 사람들이 어디 있느냐 이끌어 내라 우리가 그들을 상관하리라"(창세기 19장 5절). 여기서 "상관하리라"는 말은 히브리어, "야다"로서 그 원뜻은 "알다"(know)인데 이 "야다"가 문맥에 따라 '성교'(intercourse) 혹은 '동침'을 의미할 수 있다.[1] 바로 이 본문에서 '성교'의 의미로 쓰였다. 히브리어 "야다"가 '성교' 혹은 '동침'의 의미로 쓰인 대표적인 예는 창세기 4장 1절이다. "아담이 그의 아내 하와와 동침하매 하와가 임신하여 가인을 낳고"에서 "동침하매"로 번역된 것이 바로 '알다'를 의미하는 히브리어 "야다"이다. 이러한 소돔 사람들의 악한 요구에 롯이 자신의 손님인 이 두 사람들에게 아무 일도 하지 말 것을 말하자 그들은 롯을 밀치고 문을 부수려고 한다. 이때 사람의 모습으로 온 천사들이 롯을 집 안으로 끌어들이고 천사들의 초자연적 능력으로 문밖의 소돔인들의 눈을 멀게 하였다. 이후 소돔 땅은 고모라와 함께 하나님의 유황과 불의 심판을 받게 된다.

---

1   Ludwig Koehler and Walter Baumgartner, "YD'," The Hebrew and Aramaic Lexicon of the Old Testament I (Leiden: Brill, 2001), 391.

3

소돔의 죄는 동성애가 아니라 집단 성폭력인가?

　소돔인들이 롯에게 손님으로 온 두 사람을 내어놓으라는 요구에 롯은 그들에게 "이런 악을 행하지 말라"고 말한다. 이와 관련하여 퀴어신학에서는 일방적인 성폭력과 합의하에 갖는 동성애를 구분할 것을 주장한다.[2] 즉, 창세기 19장은 폭력으로 동성애를 강제하려 한 것을 기록한 것이지만 그렇지 않고 서로 간에 합의하에 동성애를 나누는 것은 악이 아니라는 것이다. 그러나 창세기 19장을 언급한 성경의 다른 본문들을 살펴보면 롯이 말한 소돔 사람들의 악은 단순히 집단 성폭력을 말하는 것이 아니라 동성애를 포함하고 있음을 알 수 있다.

2　Michael Carden, "Genesis," The Queer Bible Commentary, Kindle ed., Location no. 1437.

에스겔 16장 49-50절에서 소돔의 죄를 다음과 같이 언급한다.

- 네 아우 소돔의 죄악은 이러하니 그와 그의 딸들에게 교만함과 음식물의 풍족함과 태평함이 있음이며 또 그가 가난하고 궁핍한 자를 도와주지 아니하며 거만하여 가증한 일을 내 앞에서 행하였음이라 그러므로 내가 보고 곧 그들을 없이 하였느니라

위 본문의 화자인 여호와는 소돔의 여러 가지 죄 중에 "가증한 일"이 무엇인지 구체적으로 밝히지 않는다. 창세기 19장 1-11절에서 기록한 소돔의 죄는 다른 죄가 아니라 소돔에 퍼져있는 동성애와 소돔 남자들이 롯의 집에 방문한 두 사람에게 강제적인 동성애를 요구한 것이다. 창세기 19장에 기록된 소돔의 죄가 동성애와 강제적인 동성애 요구인데 여호와가 소돔의 죄를 나열하면서 창세기 19장에 기록된 소돔의 죄를 생략했을 가능성은 희박하다. 그러므로 소돔의 "가증한 일"은 바로 동성애와 그와 관련된 죄를 말하는 것일 것이다. 무엇보다도 여기서 "가증한 일"로 번역된 히브리어는 "토에바"인데 이 단어는 레위기 18장 22절과 20장 13절, 열왕기상 14장 24절에서 동성애를 지칭한다.

- 너는 여자와 동침함 같이 남자와 동침하지 말라 이는 가증한 일(토에바)이니라 (레 18:22)
- 누구든지 여인과 동침하듯 남자와 동침하면 둘 다 가증한 일(토

에바)을 행함인즉 반드시 죽일지니 자기의 피가 자기에게로 돌아가리라 (레 20:13)

- 그 땅에 또 남색하는 자가 있었고 여호와께서 이스라엘 자손 앞에서 쫓아내신 국민의 모든 가증한 일(토아보트-토에바의 복수형)을 무리가 본받아 행하였더라 (왕상 14:24)

히브리어 "토에바"는 매우 강한 혐오(abhorrence, abomination)를 의미하는 단어로 동성애가 하나님 앞에 매우 혐오스러운 범죄임을 알려준다.[3] 물론 구약성경에서 히브리어 "토에바"가 동성애만을 지칭하는 가증함은 아니다. 가나안 신상(신 7:26), 부정결한 짐승(신 14:3), 악인의 제물(잠 21:27), 율법을 듣지 않고 드리는 기도(잠 28:9), 악행을 저지르면서 드리는 분향(사 1:13), 이웃의 아내와 음행(겔 22:11) 등 여러 가증한 일을 "토에바"로 지칭하였다. 그러나 에스겔 16장 49-50절에서 "토에바"가 소돔의 죄와 관련하여 사용되었기에 소돔의 "가증한 일"을 동성애로 보는 것이 타당하다. 더 선명하게 소돔의 죄가 동성애임을 말해 주는 구절은 신약 유다서 7절이다.

- 소돔과 고모라와 그 이웃 도시들도 그들과 같은 행동으로 음란

---

3 Ludwig Koehler and Walter Baumgartner, "toeba," The Hebrew and Aramaic Lexicon of the Old Testament II (Leiden: Brill, 2001), 1702-1704.

하며 다른 육체를 따라가다가 영원한 불의 형벌을 받음으로 거울이 되었느니라 (유 7절)

여기서 "다른 육체를 따라"의 의미는 정상적인 이성의 육체가 아닌 동성의 육체를 쫓는 것을 의미한다. 유다서 7절에서는 소돔의 음란한 동성애가 불의 형벌의 원인이었음을 말한다. 결국 소돔의 죄를 언급한 에스겔 16장 49-50절, 유다서 7절, 그리고 동성애를 "가증한 일"(토에바)로 일컫은 레위기 18장 22절과 20장 13절, 열왕기상 14장 24절을 고려하면 창세기 19장 1-11절의 소돔의 죄는 단순히 강제적인 성폭력을 의미하는 것이 아니라 동성애를 포함하고 있는 것임을 알 수 있다.

4

동성애를 금지한 계명이 있는가?

　동성애를 구약에서 율법으로 금지한 구절은 레위기 18장 22절과 레위기 20장 13절이고 신약에서 계명으로 금한 구절은 고린도전서 6장 9-10절이다.

- 너는 여자와 동침함 같이 남자와 동침하지 말라 이는 가증한 일(토에바)이니라 (레 18:22)
- 누구든지 여인과 동침하듯 남자와 동침하면 둘 다 가증한 일(토에바)을 행함인즉 반드시 죽일지니 자기의 피가 자기에게로 돌아가리라 (레 20:13)
- 불의한 자가 하나님의 나라를 유업으로 받지 못할 줄을 알지 못하느냐 미혹을 받지 말라 음행하는 자나 우상숭배하는 자나 간

음하는 자나 탐색하는 자(말라코이)나 남색하는 자(아르세노코이타이)나 도적이나 탐욕을 부리는 자나 술취하는 자나 모욕하는 자나 속여 빼앗는 자들은 하나님의 나라를 유업으로 받지 못하리라(고전 6:9-10)

레위기 18장은 이집트를 탈출해서 약속의 땅 가나안으로 향하는 이스라엘 백성에게 가나안 땅에 들어가서 가나안의 풍속을 따르지 말 것을 명령한 부분이다. 레위기 18장 22절에서는 가나안의 풍속인 동성애를 따라 행하지 말 것을 명령한 것인데 이 명령문은 히브리어 부정어 "로"와 "동침하다"를 의미하는 동사 "샤카브"의 미완료 형이 결합된 구조로 절대적 금지를 나타내는 구문이다. 히브리어 "로"와 미완료 동사의 결합은 히브리어 금지명령 중에서도 영구적 금지를 암시하는 강한 금지명령문으로 십계명의 "-하지 말라"의 계명들이 이 구조를 갖고 있다.[4] 히브리어 원문의 문장 순서를 보면 일반적인 금지명령문의 순서와 달리 문장 맨 앞에 "남자와 함께"(히브리어, "베에트 자카르")가 위치해 있어서 여자가 아닌 "남자와 함께" 동침하는 것의 가증함을 강하게 강조하고 있다. 동성애와 같은 가증한 죄가 가져올 결과에 대해서 레위기 18장 29절에서는 가증한 행위를 한 자는 백성 중에서 끊어질 것이라 경고하고 있다.

---

4 Ronald J. Williams, Williams' Hebrew Syntax 3rd ed. (Tronto: University of Tronto Press, 2010, 143.

레위기 20장 13절은 동성애가 매우 무거운 죄임을 말해준다. 레위기 20장은 반드시 죽여야 하는 죄의 목록이다. 여기에 속하는 죄로는 자식을 몰렉에게 바치는 인신제사, 접신한 자와 박수무당을 따르는 죄, 부모를 저주하는 죄, 남의 아내와 간음하는 죄, 어머니와 동침하는 죄 등이 속하는데 이 목록 가운데 13절에 동성애가 포함된 것이다. 그러므로 13절 하반절에서는 동성애를 행한 자를 "반드시 죽일지니 자기의 피가 자기에게로 돌아가리라"고 기록하고 있다.

고린도전서 6장 9절과 10절에는 하나님의 나라를 유업을 받지 못하는 불의함을 나열하고 있는데 그중에 동성애가 기록되어 있다. 여기서 동성애자를 의미하는 단어는 "탐색하는 자"와 "남색하는 자" 두 개인데 "탐색하는 자"(말라코이) 동성애에서 수동적 역할을 하는 자를 의미하고 "남색하는 자"(아르세노코이타이)는 능동적 역할을 하는 자를 의미한다.

5

동성애 금지명령은
구약시대에 한정되는가?

　퀴어신학의 주장 중 하나는 동성애를 금하는 레위기 18장 22절과 20장 13절의 두 명령은 구약시대에 한정된 율법이므로 신약시대인 현대에 적용되지 않는다는 것이다.[5] 마치 구약 율법 가운데 부정한 돼지고기를 금한 율법(레위기 11장 7-8절)이 신약시대에 더 이상 효력을 미치지 않는 것처럼(마가복음 7장 15-16절) 동성애 금지명령은 신약시대에 더 이상 구속력을 갖지 않는다는 것이다. 그러나 구약뿐만 아니라 엄연히 신약성경에도 동성애를 죄로 규정하며 금하는 본문들이 있다. 로마서 1장 26-27절, 고린도전서 6장 9-10절, 디모데전서 1장 9-10절,

---

5　David Tabb Stewart, "Leviticus," The Queer Bible Commentary, Kindle ed., Location no. 2621.

유다서 7절이 동성애가 죄임을 밝혀주는 구절이다.

- 이 때문에 하나님께서 그들을 부끄러운 욕심에 내버려 두셨으니 곧 그들의 여자들도 순리대로 쓸 것을 바꾸어 역리로 쓰며 그와 같이 남자들도 순리대로 여자 쓰기를 버리고 서로 향하여 음욕이 불일듯하매 남자가 남자와 더불어 부끄러운 일을 행하여 그들의 그릇됨에 상당한 보응을 그들 자신이 받았느니라 (롬 1:26-27)
- 불의한 자가 하나님의 나라를 유업으로 받지 못할 줄을 알지 못하느냐 미혹을 받지 말라 음행하는 자나 우상 숭배하는 자나 간음하는 자나 탐색하는 자나 남색하는 자나 도적이나 탐욕을 부리는 자나 술 취하는 자나 모욕하는 자나 속여 빼앗는 자들은 하나님의 나라를 유업으로 받지 못하리라 (고전 6:9-10)
- 알 것은 이것이니 율법은 옳은 사람을 위하여 세운 것이 아니요 오직 불법한 자와 복종하지 아니하는 자와 경건하지 아니한 자와 죄인과 거룩하지 아니한 자와 망령된 자와 아버지를 죽이는 자와 어머니를 죽이는 자와 살인하는 자며 음행하는 자와 남색하는 자와 인신매매를 하는 자와 거짓말하는 자와 거짓 맹세하는 자와 기타 바른 교훈을 거스르는 자를 위함이니 (딤전 1:9-10)

- 소돔과 고모라와 그 이웃 도시들도 그들과 같은 행동으로 음란하며 다른 육체를 따라가다가 영원한 불의 형벌을 받음으로 거울이 되었느니라(유 7)

6
동성애 금지명령은 남자에 한정되는가?

　퀴어신학자 David Stewart는 레위기 18장 22절과 20장 13절의 동성애 금지명령이 문자적으로는 모두 남성의 동성애를 언급하고 있기에 여자 동성애자(lesbian)는 이 율법에 구속받지 않는다고 말하는데 이는 적절치 못한 해석이다.[6] 두 율법에서 모두 남자와 동침하는 것을 언급하고 있지만 이것은 여자와 여자가 동침하는 것은 허용하고 남자와 남자가 동침하는 것은 허용하지 않는 것이 아니다. 고대 이스라엘 문화와 문학에서 일반적으로 전제하듯이 본문의 남성은 남성과 여성을 대표하는 것으로 보는 게 자연스럽다. 예컨대 출애굽기 20장 14절

---

[6] David Tabb Stewart, "Leviticus," The Queer Bible Commentary, Kindle ed., Location no. 2643.

의 제7계명, "로 티느아프"(히, 너는 간음하지 말라)의 경우에 사용된 동사, "티느아프"는 동사 "나아프"의 2인칭 남성단수형인데 여기에 사용된 동사가 남성형이기 때문에 이 계명이 남성에게만 적용되고 여성에게는 적용되지 않는다고 보지 않는다. 로마서 1장 26절에서는 여자 동성애("여자들도 순리대로 쓸 것을 바꾸어 역리로 쓰며")를 부끄러운 일로 규정하고 있다.

7

성경은 사사시대의 동성애를 어떻게 기록하고 있는가?

　구약에는 소돔의 동성애를 기록한 창세기 19장 1-11절 이외에 동성애를 소재로 한 또 하나의 내러티브, 사사기 19장 16-30절이 있다. 사사기 19장 16-30절의 플롯 전개는 창세기 19장 1-11절과 매우 흡사하다. 한 레위인이 그의 첩과 함께 유다 베들레헴에서 에브라임 산지로 가다가 베냐민 지파에 속한 기브아 지역을 지나가게 된다. 이때 기브아의 한 노인이 이들을 자신의 집으로 맞아들인다. 이때 기브아의 불량배들이 이 노인의 집을 에워싸고 말한다. "네 집에 들어온 사람을 끌어내라 우리가 그와 관계하리라"(22절). 여기서 동사, "관계하리라"는 창세기 19장 5절의 "상관하리라"와 같은 히브리어 동사인 "야다"(알다)이다. 이 노인은 자기 집에 온 손님에게 망령된 일을 하지 말라고 청하며 이 남자 대신 자신의 딸과 손님의 첩을 내어주겠다고 말한다. 결국 손님인 에브라임 사람은 자신의 첩을 그 불량배들에게 내어 주고 그 첩은 밤새도록 그 불량배들에게 윤간을 당하고 새벽에 돌아왔지만 결국 죽게 된다. 이에 에브라임 사람은 그 첩의 시체를 열두 덩이로 잘라서 이스라엘 각 지파에 보내고 이스라엘 민족은 기브아가 속한 베냐민 지파와 민족 전쟁을 벌이게 된다.

8

동성애를 기록한 두 이야기가
소돔과 사사시대를 배경으로 하는 것의
함의는 무엇인가?

　구약의 동성애 관련 두 내러티브가 각각 소돔과 사사시대를 배경으로 한다는 것은 동성애가 그 사회의 타락 정도를 나타내는 잣대 역할을 할 수 있음을 말해 준다.
　소돔은 고모라와 함께 구약에서 타락한 사회의 상징이다. 예수께서는 제자들을 이스라엘 여러 지역으로 보내면서 만약 누구든지 영접하지 아니하거든 그 지역에서 나가서 그 발의 먼지를 떨어버리라고 말한다. 그러면서 심판 날에 소돔과 고모라 땅이 그 성보다 견디기 쉬울 것이라고 말하였다(마 10:15). 예수님의 제자들을 거부하는 지역은 타락의 상징인 소돔과 고모라보다 더 큰 심판을 받을 것을 말한 것으로 예수님의 제자들을 거부하는 죄가 얼마나 큰지 말해 준다. 또한 예수께서는 그가 많은 권능을 행하였지만 회개하지 않은 가버나움에게, 심판 날에 소돔 땅이 가버나움보다 견디기 쉬울 것이라고 말씀하셨다 (마 11:23). 타락의 상징인 소돔을 언급하며 가버나움의 완악함을 비판한 말씀이다.

사사시대는 또 어떠한가? 이스라엘의 역사 중 사사시대는 가장 타락한 시대였다. 사사시대의 타락상을 단적으로 말해주는 구절은 사사기의 맨 마지막 절, "사람이 각기 자기의 소견에 옳은 대로 행하였더라"이다. 하나님의 뜻과 말씀이 기준이 되지 못하고 자기 생각이 법이 된 시대, 그래서 이스라엘의 역사 중 가장 타락하고 영적으로 어두웠던 시대가 사사시대이다. 하나님이 타락한 이스라엘 백성을 이웃 민족에게 붙여 심판하고 나면 그제야 하나님을 부르짖고 이에 하나님이 은혜를 베푸시고 그들을 구원하신다. 그러나 평화의 시간이 되면 이스라엘 백성들이 다시 우상숭배에 빠지고 타락을 반복했던 것이 사사시대였다.

동성애로 인하여 창세기 19장의 소돔과 사사기 19장의 기브아가 속한 베냐민 지파는 하나님께 큰 심판을 받았다. 소돔 땅에는 하나님께서 유황과 불을 비처럼 내려서 그 지역의 성을 멸하셨고, 사사기의 베냐민 지파는 거의 진멸되어 없어질 위기에 처했다가 600명의 남은 용사가 지파의 씨가 되어 극적으로 회생하게 된다(삿 21장). 구약의 두 개의 동성애 내러티브가 공간적 타락의 상징인 소돔과 시간적 타락의 상징인 사사시대를 배경으로 했음을 볼 때 현재 우리 사회에 동성애가 확산되는 것은 구약의 관점으로 볼 때 매우 우려스러운 일이다. 성경의 관점으로 본다면 동성애의 확산은 영적 어두움이 깊다는 것을 의미하기 때문이다.

9

성경은 동성애를 개혁의 대상이라고 말하는가?

성경에서 동성애에 대한 부정적인 관점은 남색하는 자(동성애자)의 존재를 허락하지 않고 이스라엘의 개혁적인 왕들이 남색하는 자를 쫓아낸 것에서도 찾을 수 있다. 개역개정 성경에서 "남창" 혹은 "남색하는 자"로 번역된 히브리어는 "카데쉬"로서 성전과 우상 신전에서 동성애를 유혹하던 개혁의 대상이었다. 퀴어신학자 Ken Stone은 "카데쉬" 혹은 복수형, "케데쉼"과 여성형 단수, "케데샤," 여성형 복수, "케데쇼트"가 열왕기서에서 부정적으로 묘사되기는 했지만 이들이 성적으로 관련되어 있음을 부인한다.[7] 그러나 신명기 23장 17-18

---

[7] Ken Stone, "1 and 2 Kings," The Queer Bible Commentary, Kindle ed., Location no. 6383..

절에서는 "케데샤"(17절)를 "조나"(히, 창녀, 18절)로 지칭함으로서 "케데샤"가 성적관련성이 있는 단어임을 보여준다.

- 이스라엘 여자 중에 창기(히, "케데샤")가 있지 못할 것이요 이스라엘 남자 중에 남창이 있지 못할지니 창기(히, "조나")가 번 돈과 개 같은 자의 소득은 어떤 서원하는 일로든지 네 하나님 여호와의 전에 가져오지 말라 이 둘은 다 네 하나님 여호와께 가증한 것임이니라(신 23:17-18)

또한 창세기 38장에 기록된 유다와 다말 이야기에서도 "케데샤"가 "창녀"를 의미하는 단어임을 보여준다. 창세기 38장 15절에서 유다는 얼굴을 가린 다말을 창녀(히, "조나")로 여겼다고 기록하고 있고 같은 장 21절에서 유다는 그 창녀에게 맡긴 담보물을 찾기 위해 사람들에게 길 곁 에나임에 있던 창녀(히, "케데샤")가 어디 있느냐고 묻는다.

- 그가 얼굴을 가리었으므로 유다가 그를 보고 창녀("조나")로 여겨 (창 38:15)
- 그가 그 곳 사람에게 물어 이르되 길 곁 에나임에 있던 창녀("케데샤")가 어디 있느냐 그들이 이르되 여기는 창녀("케데샤")가 없느니라(창 38:21)

이렇게 "케데샤"가 창녀를 의미하기 때문에 이에 상응하는 남성형 "카데쉬"는 개역개정에서 번역하듯이 "남창", "남색하는 자"로 보는 것이 타당하다. 신명기 23장 18절에서는 이 "카데쉬"를 경멸적으로 "개"(켈레브)에 비유했고 이는 남창의 동성애가 얼마나 하나님 앞에 가증스러운 일임을 잘 보여준다. 이상적으로는 이스라엘에 동성애를 행하는 남색하는 자가 없었어야 했지만 현실적으로는 남색하는 자가 존재했다. 열왕기상 14장 24절에는 르호보암 시대에 하나님 앞에 가증한 일을 하는 남색하는 자(카데쉬)가 있었음을 기록한다.

- 그 땅에 또 남색하는 자가 있었고 여호와께서 이스라엘 자손 앞에서 쫓아내신 국민의 모든 가증한 일을 무리가 본받아 행하였더라 (왕상 14:24)

아사와 여호사밧, 요시야와 같은 왕들은 이러한 남색하는 자들(케데쉽)을 이스라엘 땅에서 쫓아내는 개혁을 단행한 왕들로 기록되어 있다.

- 아사가 그의 조상 다윗 같이 여호와 보시기에 정직하게 행하여 남색하는 자를 그 땅에서 쫓아내고 그의 조상들이 지은 모든 우상을 없애고 (왕상 15:11-12)
- 그(여호사밧)가 그의 아버지 아사의 시대에 남아 있던 남색하는 자들을 그 땅에서 쫓아내었더라 (왕상 22:46)
- 또 여호와의 성전 가운데 남창의 집을 헐었으니 그곳은 여인이

아세라를 위하여 휘장을 짜는 처소였더라 (왕하 23:7, 요시야의 개혁)

이렇게 가증스러운, 개혁의 대상이었던 남색하는 자(카데쉬)는 욥기에서 저주의 상징으로 기록된다. 욥기 36장 13-14절에서 엘리후는 경건하지 못한 자들이 남색하는 자과 함께 있게 될 저주를 말한다.

- 마음이 경건하지 아니한 자들은 분노를 쌓으며 하나님이 속박할지라도 도움을 구하지 아니하나니 그들의 몸은 젊어서 죽으며 그들의 생명은 남창(케데쉼)과 함께 있도다

10

성경은 다윗과 요나단을 동성애자라고 말하는가?

다윗과 요나단의 관계는 성경에서 우정의 귀감으로 뽑힌다. 그런데 퀴어신학에서는 이 우정의 귀감을 동성애 관계라고 주장한다.[8] 하나님의 마음에 합한 사람 다윗이 동성애자였다면 동성애가 성경의 승인을 받을 수 있는 중요한 근거가 될 수 있겠지만 성경에는 다윗과 요나단을 동성애자로 봐야 할 근거가 없다. 사무엘하 1장 26절과 같은 구절은 다윗과 요나단을 동성애자로 보는 퀴어신학에서 언급하는 대표적인 구절이다.[9]

---

8 Ken Stone, "1 and 2 Samuel," The Queer Bible Commentary, Kindle ed., Location no. 6060, 6087, 6097.
9 Ibid.

- 내 형 요나단이여 내가 그대를 애통함은 그대는 내게 심히 아름다움이라 그대가 나를 사랑함이 기이하여 여인의 사랑보다 더하였도다

이 말은 요나단이 길보아산에서 죽었다는 소식을 들은 다윗이 슬픔 중에 한 말이다. 이 구절에서 다윗은 요나단의 사랑이 여인의 사랑보다 더하였다고 말한다. 여기서 "사랑"으로 번역된 히브리어는 "아하바"로서 한국어의 "사랑", 영어의 "love"와 같이 매우 포괄적인 의미를 갖는 단어이다.[10] 한국어와 영어에서 동성애와 전혀 상관없는 동성의 아버지와 아들의 관계를 표현할 때 "사랑"과 "love"를 사용하듯이 히브리어에서도 동성애와 전혀 상관없는 동성 간의 사랑에 "아하바"를 사용한다.[11] 그 예로 아래 두 구절을 들 수 있다.

- 다윗이 사울에게 이르러 그 앞에 모셔 서매 사울이 그를 크게 사랑하여(아하브) 자기의 무기를 드는 자로 삼고(삼상 16:21)
- 솔로몬이 기름 부음을 받고 그의 아버지를 이어 왕이 되었다함을 두로왕 히람이 듣고 그의 신하들을 솔로몬에게 보냈으니 이는 히람이 평생에 다윗을 사랑하였음이라(아하브) (왕상 5:1)

---

10 P. J. J. S. Els, "hb," in New International Dictionary of Old Testament Theology & Exegesis I, ed. Willem A. Vangemeren (Grand Rapids: Zondervan, 1997), 277-299.
11 Ibid., 293-294.

사무엘상 16장 21절과 열왕기상 5장 1절 모두 동성이었던 다윗과 사울, 다윗과 히람의 관계를 사랑(아하브)으로 표현했다. 그러나 이 두 관계 모두 동성애를 나타내는 것이 아니라 각각 다윗을 향한 사울의 신임과 다윗을 향한 히람의 정치적 신뢰를 나타낸 것이다.[12] 이와 마찬가지로 사무엘하 1장 26절에서 언급한 요나단의 사랑은 요나단과 다윗의 깊은 우정을 말한 것이다. 다윗과 요나단이 동성애를 나누는 관계였다면 성경 히브리어로 성적 관계를 나타내는 "야다"(알다)가 사용되었을 것이다.[13] 그러나 구약에서는 다윗이 요나단이 서로 "알았다"(야다)고 표현한 구절이 없다.

---

12 Ibid., 294-295.
13 Ludwig Koehler and Walter Baumgartner, "YD'," The Hebrew and Aramaic Lexicon of the Old Testament I, 391.

3
동성애는
유전이 아니다

길원평(한동대 석좌교수)

1993년에 Hamer 등은 40 가계(family)를 조사하여, X 염색체의 Xq28 부위에 남성 동성애와 높은 상관관계가 있다고 사이언스 저널에 발표했다. 그러나 2018년 Ganna 등은 48만명 이상을 대상으로 한 유전체 연구에서 동성애를 유발하는 유전자가 없다는 결론을 내렸다. 특히 1993년 Hamer의 연구결과가 사실무근임을 명확히 밝혔다.

1

동성애가 유전이라면
동성결혼을 허용하겠는가?

　　동성애의 선천성 여부는 동성애에 관한 판단을 할 때 큰 영향을 미친다. 첫째, 동성애가 선천적으로 결정된다면, 동성애를 정상으로 인정해야 한다. 왜냐하면, 자신의 의지와 관계없이 동성애자로 결정되어 태어나기 때문이다. 둘째, 동성애가 선천적으로 결정된다면, 동성애는 치유 불가능하다. 그러기에, 동성애가 선천성 여부는 동성애자 자신의 삶을 결정하는 데에도 중요하다.

　　미국 갤럽조사를 보면,[1] 1978년에 미국 국민 56%가 동성애는 후천적이라고 생각하였으며, 선천적이라고 생각한 사람은 13%밖에 되지

1　미국 갤럽, 2015년 5월 20일,
　'Majority in U.S. Now Say Gays and Lesbians Born, Not Made',
　https://news.gallup.com/poll/183332/majority-say-gays-lesbians-born-not-made.aspx

않았다. 그런데, 시간이 갈수록 동성애가 선천적이라고 생각하는 사람이 증가하였으며, 2015년에는 미국 국민의 51%가 동성애는 선천적이라고 생각하였으며, 후천적이라고 생각한 사람은 30%이었다. 또한 2001년에 미국 국민의 53%가 동성애는 도덕적으로 문제가 있다고 생각하였으며, 문제가 없다고 생각한 사람은 40%이었다. 그런데, 시간이 갈수록 동성애가 선천적이라고 생각하는 사람이 증가함에 따라, 도덕적으로 문제가 없다고 생각하는 사람이 증가해서, 2015년에는 미국 국민의 63%가 동성애는 도덕적으로 문제가 없다고 생각하였으며, 도덕적으로 문제가 있다고 생각한 사람은 34%이었다. 불과 14년 만에 완전히 바뀐 것이다. 동성애 선천성에 대한 인식과 동성결혼에 대한 인식의 관계를 살펴보면,[2] 2018년에 동성애가 선천적이라고 보는 사람의 88%가 동성결혼 합법화에 동의하였고, 동성애가 후천적이라고 보는 사람의 61%가 동성결혼 합법화에 반대하였다. 이 결과로부터, 동성애 선천성 여부에 대한 인식이 동성결혼에 대한 인식에 결정적인 영향을 주는 것을 볼 수 있다.

반면에, 한국 갤럽조사를 보면, 2001년에 한국 국민 18%가 동성애는 선천적이라고 생각하였으며, 후천적이라고 생각한 사람은 47%이었다.[3] 그런데, 시간이 흘러 동성애가 선천적이라고 생각하는 사람이 조금 증가하였지만, 2023년에도 한국 국민 24%가 동성애는 선천적

---

[2] 미국 갤럽, 2018년 5월 24일,
'More Say 'Nature' Than 'Nurture' Explains Sexual Orientation',
https://news.gallup.com/poll/234941/say-nature-nurture-explains-sexual-orientation.aspx

이라고 생각하였으며, 후천적이라고 생각한 사람은 50%이었다. 동성애의 선천성에 대한 한국 국민의 인식에는 큰 변화가 없음을 알 수 있다. 동성애 선천성에 대한 인식과 동성결혼에 대한 인식의 관계를 살펴보면, 2023년에 동성애가 선천적이라고 보는 사람의 61%가 동성결혼 합법화에 동의하였지만, 동성애가 후천적이라고 보는 사람의 64%가 동성결혼 합법화에 반대하였다. 이 결과로부터, 한국에서도 동성애 선천성에 대한 인식이 동성결혼에 대한 인식에 결정적인 영향을 주는 것을 볼 수 있다.

    한국 국민 중에 동성애가 선천적이라고 생각하는 사람이 적은 이유는, 동성애가 선천적이 아니라는 책이 계속 발간되었기 때문이라고 본다. 2012년에 '동성애에 대한 불편한 진실'이란 책이, 2014년에 '동성애, 과연 타고나는 것일까?'라는 책이, 2022년에 '동성애는 유전이 아니다'라는 책이 발간되었다. 이러한 책들이, 한국 국민이 동성애가 선천적이 아니라는 인식을 갖게 하였다고 본다.

---

3 한국 갤럽, 2023년 5월 25일,
    데일리 오피니언 제544호(2023년 5월 4주) - 정당별 호감도, 동성결혼 법제화, 동성애 관련 인식 (5월 통합 포함) #무당층
    https://www.gallup.co.kr/gallupdb/reportContent.asp?seqNo=1397

2
동성애의 정의는 무엇이며, 동성애자의 숫자는 어느 정도 됩니까?

　동성애자는 다음과 같은 특징을 가진다. 첫째, 동성을 향한 성적 끌림을 나타낸다. 둘째, 동성과 성관계를 한다. 셋째, 동성애자로서의 성정체성을 가진다. 첫째 특징인 성적 끌림은 주관적인 생각이므로 어느 정도 모호성을 가지고 있으며 자신의 공상일 가능성도 있다. 둘째 특징은, 행동으로 옮겨 성관계를 맺으므로 좀 더 분명한 동성애자라고 볼 수 있다. 셋째 특징은 자기 스스로 동성애자로 인식하는 단계에 들어와 있기에, 어느 정도 분명하게 동성애자의 삶을 살고 있다고 볼 수 있다. 동성애에 대한 대조 용어로서 남자와 여자와의 성관계를 이성애라 부르고, 동성애와 이성애를 함께 하는 경우를 양성애라고 부르며, 동성애, 이성애, 양성애를 합쳐 성적지향이라고 부른다.
　동성애자 비율을 조사한 최초의 학자는 킨제이다. 그런데 킨제이 자신이 양성애자이었으며, 근친, 어린이, 동물과의 성행위를 포함한 모든 종류의 성행위를 옹호하였다. 킨제이는 1948년에 '남성의 성적 행동'이란 책을 출판하였고,[4] 1953년에 '여성의 성적 행동'이란 책을 출판하였다.[5] 그는 이 책에서 미국 남성의 10%가 16세에서 55세 사이에 최소 3년 동안 동성애적 삶을 산다고 주장하였다. 그는 자신이 원하는 결과를 얻기 위하여 남성 매춘부, 성범죄자, 소아 애호자, 노출증환자, 교도소 수감자 등을 최소한 전체 표본의 1/4을 차지하도록 하였다.[6] 이렇게 킨제이 결과는 왜곡되었으며 동성애자 비율이 과장되었다.

정부 차원의 대규모 조사를 소개하면, 2003년 캐나다 공중위생조사에서 동성애자 1%, 양성애자 0.7%이었고,[7] 2013년 미국 질병통제센터의 국민건강면접조사 보고서에서 동성애자 1.6%, 양성애자 0.7%이었으며,[8] 2012년 영국 통계청 인구조사에서 동성애자 1.1%, 양성애자 0.4%이었으며,[9] 2011년 뉴질랜드의 조사에서 동성애자 0.8%, 양성애자 0.6%이었다.[10] 따라서 서구에서 동성애자는 대략 1%이고, 양

4　A. C. Kinsey, W. B. Pomeroy, and C. E. Martin, Sexual Behavior in the Human Male (Philadelphia: W. B. Saunders, 1948).
5　A. C. Kinsey, W. B. Pomeroy, C. E. Martin, and P. H. Gebhard, Sexual Behavior in the Human Female (Philadelphia: W. B. Saunders, 1953).
6　J. A. Reisman and E. W. Eichel, (eds., G. J. Muir and J. H. Court), Kinsey, Sex, and Fraud (Lafayette, LA: Lochinvar-Huntington House, 1990); 이혜진 옮김, 브라이어 와이트헤어 원작, 나는 사랑받고 싶다 (웰스프링, 2007), 160-163쪽.
7　http://statcan.gc.ca/daily-quotidien/040615/dq040615b-eng.htm.
8　http://www.cdc.gov/nchs/data/nhsr/nhsr077.pdf.
9　건강한사회를위한국민연대(2015.1.6), http://blog.naver.com/pshskr/220231370391.

성애자까지 포함하더라도 2% 정도 됨을 알 수 있다. 이 결과들로부터 킨제이 결과가 과장되었음을 알 수 있다.

한국의 동성애자 비율에 대한 통계는 많지 않다. 한국 에이즈연맹은 1996년 9월 보고서에서 전국 실사를 기초로 적극적 동성애자는 1만 명으로 조사되었으며, 이는 전체 성인 남성의 0.07%이다. 한국성과학연구소가 2003년에 서울 거주 남성 2,000명을 조사하여 그중 1,613명을 분석한 결과, 동성애자 0.2%, 양성애자 0.3%, 동성애 경험자 1.1%이었다.[11] 한국성과학연구소가 2011년에 서울 거주 성인남녀 1,000명을 조사한 결과, 남성 1.1%, 여성 0.3%가 동성애 경험이 있다고 응답했다.[12] 2012년에 한양대 산학협력단의 전국 성인남녀 1,000명에 대한 설문조사에서, 동성과 성관계에 대해 '경험이 있다' 0.3%, '응답 거절' 0.4%이어서, 응답 거절까지 포함해도 0.7%에 불과하다.[13]

2011년 한국성과학연구소 결과에 비해, 2012년 한양대 결과에서 동성 성관계 경험자 비율이 적은 이유는, 서울의 동성애자 비율이 높기 때문으로 추정된다. 한국의 에이즈 감염이 주로 남성 동성애로 말미암아 이루어지므로, 에이즈 감염인의 지역 분포로부터 동성애자의 분포를 추측할 수 있다. 2010년 인구 통계를 이용하면, 서울 남성은

---

10 Wells JE, McGee MA, Beautrais AL (2011) Multiple Aspects of Sexual Orientation: Prevalence and Sociodemographic Correlates in a New Zealand National Survey. Arch Sex Behav. 2011 40(1): 155-68.
11 양봉민과 최운정, 한국에서 HIV/AIDS 감염의 경제적 영향, 서울대학교 보건대학원 연구보고서, 2004년 11월.
12 한국성과학연구소 홈페이지(http://www.sexacademy.org/xe/index.php) 참조.
13 한양대학교 산학협력단, 「2012 에이즈에 대한 지식 태도 신념 및 행태조사」, 질병관리본부 대한에이즈예방협회 연구결과보고서, 2012.

480만 명으로 전체 인구의 19.9%이다. 그런데 에이즈 감염자 발견 주소지를 보면 1985년-2011년 누적 통계에 의하면 총 8,542명 중에서 서울이 3,204명으로 전체 감염자의 37.5%이다. 따라서 서울의 남성이 에이즈에 걸릴 확률이 전국 평균에 비해 2배 정도 높다. 이 사실은 서울의 남성 동성애자 비율이 전국 평균에 비해 2배 정도 높음을 암시하므로, 2003년 전국 남성 동성애자 비율은 서울의 절반인 0.1%로 추정된다.

그런데 최근에는 2003년에 비해 생존 내국인 에이즈 감염인이 7.5배 증가하였으므로, 동성애자도 7.5배 정도 증가하였다고 가정하면, 현재 전국의 남성 동성애자 비율은 0.75%로 추정된다. 한국성과학연구소의 2011년 조사에서 여성의 동성애 경험자가 남성의 동성애 경험자의 약 3/11이기에, 여성 동성애자는 0.2%로 추정된다. 남녀 동성애자를 평균하면 대략 0.48%로 추정되고, 2020년 15-59세 총인구가 3,355만 명이기에, 대략 16만 명이 된다. 2003년 통계에 따르면 양성애자는 동성애자의 1.5배이고, 동성애 경험이 5.5배이므로, 양성애자는 24만 명, 동성애 경험은 88만 명으로 추정할 수 있다.

3
동성애의 원인 유전자가 있는가?

　동성애가 유전이라면 동성애를 유발하는 유전자가 있어야 한다. 1993년에 해머 등은 40 가계(family)를 조사하여, X 염색체 위에 있는 유전자군(Xq28)과 남성 동성애 사이에 높은 상관관계가 있다고 사이언스에 발표하였다.[14] 그들은 논문의 머리글에서 결과가 99% 이상 통계적 신뢰도를 갖는다고 주장하였고, 서구 언론은 동성애를 유발하는 유전자를 발견하였다고 대서특필하였다. 1999년에 라이스 등은 Xq28에 존재하는 표지 유전자들을 조사하였다.[15] 52쌍의 동성애

14　Hamer et al., "A linkage between DNA markers on the X-chromosome and male sexual orientation." Science 261. 321. 1993.
15　Rice et al., "Male homosexuality: absence of linkage to microsatellite markers at Xq28." Science 284. 665. 1999.

자인 형제 사이와 33쌍의 일반 형제 사이를 비교한 후에, Xq28이 남성 동성애와 관련이 없다고 사이언스에 발표하였다. 2005년에 해머를 포함한 무스탄스키 등은 456명을 대상으로 전체 게놈과 동성애의 상관관계를 조사한 후에, Xq28은 동성애와 상관관계가 없다는 결론을 얻었다.[16] 그렇지만, 2005년 연구는 7번, 8번, 10번 염색체에 동성애 관련 유전자가 있을 것으로 추정하였다. 2010년에 라마고파란 등은 112명 동성애자들을 대상으로 전체 게놈을 조사하여 7번, 8번, 10번 염색체에 동성애 관련 유전자가 없다고 밝혔다.[17] 2012년에 드라반트 등은 23,874명(이성애자 77%, 동성애자 6%)을 대상으로 전체 게놈을 조사한 결과, X염색체에서는 물론 전체 게놈에서도 동성애와 관련된 유전자를 하나도 발견하지 못했다.[18] 2019년 미국과 영국의 과학자들이 477,522명(동성애 경험자 26,827명, 무경험자 450,695명)을 조사해서 동성애 유발 유전자를 발견하지 못했다고 사이언스에 발표했다.[19] 그렇지만, 동성애 행동과 관련된 5개 유전자 변이(4번, 7번, 11번, 12번, 15번 염색체)를 발견하였으며, 5개 유전자 변이가 동성애 형성에 미칠 확률은 1% 미만이라고 하였다.

---

16 Mustanski et al., "A genomewide scan of male sexual orientation." Human Genetics 116. 272. 2005.
17 Ramagopalan et al., (2010). "A genome-wide scan of male sexual orientation." Journal of Human Genetics 55. 131.
18 Drabant et al., "Genome wide association study of sexual orientation in a large, web-based cohort." Presented at the American Society of Human Genetics annual meeting. San Francisco. 2012.11.6.-10.
19 Ganna et al., "Large-scale GWAS reveals insights into the genetic architecture of same-sex sexual behavior." Science 365 eaat7693, 2019.

5개 유전자 변이가 있다는 것을 이유로 유전이라고 주장하는 사람들이 있기에, 다른 질병에서 유전자 변이의 개수를 살펴보면, 우울증은 102개, 조현병은 108개, 당뇨병은 143개, 고혈압은 수백 개다. 그런데, 질환과 관련된 유전자 변이의 수가 많다고 해서, 위의 병들을 유전병이라고 부르지 않는다. 또한, 유전적 요인이 많은 질병도 존재하기에, 유전된다는 이유만으로 정상이라고 인정하는 것은 옳지 않다. 동성애 행동과 관련된 유전자 변이 수도 적고 영향이 적기에, 이것을 이유로 동성애가 유전적으로 결정되는 것으로 오해하게 하면 안 된다.

　요약하면, 동성애 유발 유전자는 발견되지 않았다. 즉, 특정 유전자가 있으면 동성애를 하고, 없으면 안 하는, 그런 유전자는 없다. 따라서, 동성애는 유전이 아니다. 그렇지만, 동성애 형성에 간접적인 유전적 영향이 가능하다. 왜냐하면, 인간의 몸과 성격에는 유전적 영향이 있기 때문이다. 예로서, 살인에 간접적으로 다혈질 성격, 근육질의 몸 등과 같은 선천적인 영향이 있을 수 있다. 2019년 발표한 5개 유전자 변이(우울증 등)도 이러한 이유 때문일 수 있다. 결론적으로, 동성애는 유전적으로 결정되는 것은 아니다. 그러기에, 어쩔 수 없이 동성애를 하게 되었다고 하면 안 된다.

4

동성애자의 뇌 형태와 크기는 일반인과 다른가?

성적지향이 정신적 성향이기에 아마도 두뇌에 의해 정해지며 동성애자의 두뇌는 태어날 때부터 일반인과 다를 것으로 추측했다. 태아기의 8-24주에 남성 호르몬 증대가 일어나는데, 그 시기에 성호르몬 이상으로 두뇌 형성에 영향을 주고 동성애자가 될 것으로 추측했다. 신생아의 두뇌는 성인 두뇌 크기의 1/4 정도이며, 신생아일 때 남자가 여자의 두뇌보다 5% 정도 더 무거운 것 외에는 남녀의 두뇌 성질과 기능뿐 아니라 행동 양식도 거의 같다. 강조점은 신생아 남녀의 생식기는 분명한 차이를 보이는데, 두뇌와 관련된 차이는 거의 없다는 것이다. 1세 때 어른 두뇌 크기의 70% 정도이며, 3세에 대부분의 두뇌 신경망이 형성된다. 성인 두뇌 신경세포인 뉴런(neuron)의 25%는 태어날 때 존재하지만, 75%는 태어난 이후 학습, 경험, 훈련, 행동 등에 의해 형성된다.

1991년에 리베이가 죽은 사람의 두뇌 전시상하부의 간질핵(INAH) 크기를 조사한 결과, 남성 동성애자의 INAH3는 여자처럼 남성 이성애자보다 작으므로, INAH3이 동성애와 연관이 있다고 사이언스에 발표했다.[20] 그런데, 리베이 논문의 문제점은, 첫째 죽은 사람을 조사하였기에, 조사 대상이 된 남성 이성애자가 진정한 이성애자인지에 대해 확실치 않다. 이성애자의 16명 중에서 6명이 에이즈로 사망하였는데, 너무 높은 확률이다. 이성애자는 거의 에이즈로 사망할 확률이 거의 없기 때문이다. 둘째, INAH3의 경계를 구별하기가 어려워서 INAH3의 크기가 어느 정도 인지는 연구자의 주관에 따라 달라진다. 셋째, INAH3의 크기가 동성애를 일으키는 원인인지 결과인지 알 수 없다. 태어날 때부터 INAH3가 작아서 동성애를 하였는지, 혹은 일생 동성애를 함으로써 작아졌는지를 알 수 없다.

2001년에 바인 등의 결과에 따르면, 남성 동성애자가 남성 이성애자에 비해 INAH3 크기는 작지만, INAH3 내의 신경세포인 뉴런의 개수를 측정한 결과, 남성이 여성에 비해 훨씬 많았으며, 남성 이성애자와 남성 동성애자는 차이가 없었다.[21] 바인 등은 남성 동성애자의 INAH3 크기가 작은 이유는 '출생 이후'의 신경망 감소라고 추론하였

20　LeVay S. (1991). "A difference in hypothalamus structure between heterosexual and homosexual men." Science 253. 1034.
21　Byne et al., (2001). "The interstitial nuclei of the human anterior hypothalamus: an investigation of Sex, Sexual Orientation, and HIV Status." Hormones and Behavior 40. 86.

다. 즉, 태어난 후 에이즈 감염의 결과일 수도 있고, 에이즈 감염자들이 흔히 남용하는 마약의 결과일 수 있다는 것이다. 따라서, INAH3 크기만 보고 INAH3이 동성애와 관련이 있을 것이라는 추측은 잘못이라고 결론을 내렸다. 따라서 동성애가 두뇌 때문에 생긴다는 연구 결과는 번복되었고, 동성애자의 두뇌가 일반인과 달라서 두뇌 때문에 동성애를 한다는 과학적 증거는 없다.

경험이 두뇌 구조에 미치는 영향을 보면, 연습을 통하여 자극을 가하면 특정 신경회로가 강화되고, 사용하지 않으면 그 신경회로는 결국 소멸된다. 예로서, 바이올린 연주자는 왼쪽 손의 손가락에 관련된 두뇌 부분이 커진다. 또한, 인터넷 중독인 경우, 단순히 두뇌의 활동을 하였음에도 불구하고 두뇌의 회백질에 변화가 발견되었다. 런던의 택시 운전사는 내비게이션에 관련된 두뇌 부분이 커졌지만, 정해진 경로만 운행하는 런던 버스 운전사는 해당 부분은 커지지 않았다. 그리고, 택시 운전사도 은퇴 후에는 과거에 컸던 부분이 도로 작아졌다.

2007년에 도이쥐(Doidge)는 '두뇌는 스스로 바뀐다.'라는 책에서 두뇌의 가소성(plasticity)을 설명하면서, "두뇌는 불변한다는 20세기의 신념을 버리라."고 하였다. 우리가 훈련을 많이 하면, 행동이 거의 자동적으로 이루어진다. 예로서, 충분하게 훈련하면, 자동차 운전, 무술 고단자의 행동, 악기 연주 등을 거의 자동적으로 행한다. 마찬가지로, 특정 성적지향에 깊이 빠지면 선천적인 것처럼 느껴지지만, 그 성적지향이 선천적인 것이 아니라 특정한 성적 행동을 오랫동안 지속하였기에 선천적인 것처럼 느껴지는 것뿐이다.

5

태아기의 호르몬이
동성애 형성에 영향을 미치는가?

　태아기의 문제로 인한 장애와 동성애 빈도를 비교해 보면, 태아기의 문제로 인한 장애가 생기는 빈도는 0.5% 이하인데, 동성애 빈도는 2%가 넘는다. 그래서 동성애는 태아기의 문제로 인한 장애로 생겼다고 보기 어렵다. 성호르몬의 효과에 대해 언급하면, 남성 동성애자와 남성 이성애자의 호르몬 수치를 조사하면 전혀 차이가 없고,[22] 동성애자에게 강제로 성호르몬을 주입하더라도 아무런 효과가 없었다.[23] 성호르몬은 성욕을 증가시키거나 감퇴시키는 효과는 있지만, 동성애 습

---

22 Meyer-Bahlburg, H. F. L. (1984). "Psychoendocrine research on sexual orientation: current status and future options." Progress in Brain Research 61. 375.
23 Murphy, T. F. (1992). "Redirecting sexual orientation: techniques and justifications." Journal of Sex Research 29. 501.

관을 바꾸지 못한다.[24]

  태아기의 호르몬 과량 분비에 의한 영향으로, 먼저 합성 여성호르몬인 디에틸스틸베스트롤의 영향을 살펴보겠다. 유산 위기의 임산부에게 디에틸스틸베스트롤을 1940년-1970년 사이에 대량으로 투여하였다. 그런데, 대량 투여를 받은 임산부 딸의 성적지향을 조사한 결과, 두 연구 결과는 일반인보다 동성애 성향이 조금 높았지만, 두 결과는 일반인과 차이가 없었다. 또한, 대량 투여를 받은 임산부 아들 20명의 성적지향을 조사한 결과, 아무도 동성애 성향 나타내지 않았다. 두 번째로, 선천성부신과형성(CAH: congenital adrenal hyperplasia)이란 질환은 유전적 결함의 장애로 태아기에 안드로겐이란 남성 호르몬을 많이 분비한다. 두 조사에서는 CAH 질환 여성이 일반 여성에 비해 동성애 성향이 높은 것으로 조사되었지만, 그렇게 큰 차이는 아니었다. CAH 질환 여성의 동성애 성향이 일반 여성과 큰 차이가 나지 않는다는 결과는, 태아기 호르몬이 동성애 형성에 큰 영향을 미치지 않음을 나타낸다.

  동성애와 태아기 호르몬에 관한 연구로는 2000년에 윌리엄 등에 의하여 네이처에 발표된 손가락 길이의 비에 관한 것이 있다.[25] 이 연

---

24 Kwan, M., W. J. Greenleaf, J. Mann, L. Grapo, and J. M. Davidson (1983). "The nature of androgen action on male sexuality-a combined laboratory-self-report study on hypogonadal men." Journal of Clinical Endocrinology and Metabolism 57. 557.
25 Williams, T., M. E. Pepitone, S. E. Christensen, B. M. Cooke, A. D. Huberman, N. J. Breedlove, T. J. Breedlove, C. L. Jordan, and S. M. Breedlove (2000). "Finger-length ratios and sexual orientation." Nature 404. 455.

구 전에 여성의 둘째 손가락 길이가 넷째 손가락 길이와 거의 같지만 남성의 둘째 손가락 길이가 넷째 손가락 길이에 비하여 짧다는 연구 결과가 있었고, 태아기의 호르몬이 손가락 길이의 비에 영향을 미친다는 결과가 있었다.[26] 윌리엄 등은 동성애자 축제에 참여한 사람들에게서 둘째 손가락과 넷째 손가락 길이의 비를 측정하였는데, 여성 동성애자는 여성 이성애자에 비하여 적은 값을 가져서 남성 쪽으로 가까웠다. 이것을 토대로 여성 동성애자가 여성 이성애자에 비해 태아기 호르몬의 영향을 더 받은 것으로 추론했다. 그런데 미국의 여성 동성애자 비율을 1.8%이라고 가정하면, 손가락 길이의 비가 남성 쪽으로 가까워지면 여성 동성애자가 될 확률이 2%에서 2.2%로 조금 증가한다고 볼 수 있지만, 대다수 여성은 이성애자로 남아 있다. 즉, 어떠한 손가락 길이의 비를 가지는 여성 집단에서도 여성 이성애자의 수가 여성 동성애자의 수에 비해서 약 50배 가까이 많다. 따라서 손가락 길이의 비가 태아기의 호르몬에 의해 영향을 받는다고 가정하더라도, 위의 결과는 태아기 호르몬이 여성 동성애를 결정할 만큼 강력한 효과를 주지 않음을 잘 나타낸다. 요즘은, 임산부 양수를 채취하여 태아의 질병 여부를 진단하는 방법인 양수천자를 통하여 태아기의 남성호르몬인 테스토스테론 수치를 알 수 있다. 태아기의 테스토스테론 수치와 여러 연령에서의 남성적인 행동과 관계를 살펴본 결과, 미미한

---

26 Manning, J., D. Scutt, J. D. Wilson, and D. I. Lewis-Jones (1998). "The ration of the 2nd to 4th digit length: A predictor of sperm number and concentrations of testosterone, luteinizing hormone and oestrogen." Human Reproduction 13. 3000.

통계적 상관관계가 있었지만, 태아기의 테스토스테론 수치와 동성애 성향 사이의 상관관계를 입증하는 직접적인 조사 결과는 없다.

6

동성애 선천성을 지지하는
다른 근거로 어떤 것이 있는가?

가. 제3의 성이 있다?

육체의 성은 정자와 난자가 만나서 수정란이 될 때 결정되며, 수정란에 있는 염색체와 유전자에 의해 정소, 난소, 성 기관 등이 만들어진다. 따라서 육체의 성은 선천적으로 결정된다고 말할 수가 있다. 육체의 성은 뚜렷하게 남성과 여성, 두 가지 성으로 구별된다. 그런데 아주 낮은 확률로 생식기 형태가 불분명한 성발달이상질환(disorders of sex development, DSD)이 발생한다. 젠더주의자들은 이것을 제3의 성이라 주장하며 남녀 양성체제를 파괴하기 위해 간성(intersex)이라고 주장한다. DSD가 생기는 이유는 정자와 난자가 만들어질 때 성염색체에 이상이 생기는 것과 그 이외의 원인에 의한 것으로 나눌 수 있다. 성염색체는 정상적으로 여성은 XX, 정상 남성은 XY인데, 성염색체 이상에 관련된 가장 일반적인 발달 장애로는 X 하나만 있는 터너증후군과 XXY를 가지는 클라인펠터증후군이 있다.

  터너증후군은 외형은 여성이지만, 난소의 결함 때문에 2차 성징이 결여되고 가슴이 발육되거나 임신을 할 정도로 여성성이 발달되지 않으며, 작은 몸집을 갖고 성인이 되어도 키가 작다. 여성호르몬을 투여하면 유방이 발달하고 생리가 시작하게 된다. 클라인펠터증후군은 감수분열 과정에서 생기는 성염색체의 비분리 현상에 의해 생기며, 사춘기에 남성 호르몬이 잘 분비되지 않음으로 인하여 여성형 유방이 발달하며 고환과 음경의 크기가 작고 생식능력이 결여된다. 터너증후군과 클라인펠터증후군, 두 경우는 사춘기에 증상이 나타나면서 어려움을 겪는다. 최근에는 호르몬 투여와 수술 등의 방법으로 증상을 많이 호전시킬 수 있다. 이들은 아주 낮은 확률로 나타나는 발달질환이다. 국내 문헌에 따르면, 클라인펠터증후군을 가진 환자 중 일부는 사춘기에 여성의 2차 성징이 나타나 이들 중 일부는 남성 동성애자로 행동한다고 한다.[27] 하지만 이러한 경우에 클라인펠터증후군 자체가 동성애를 일으키는 생물학적인 요인이 된 것이 아니고, 자신이 가진 외모가 또래 친구들과 다름을 깨닫고 청소년기에 느끼는 불안정한 성정체성으로 말미암아 남성 동성애자가 되었다고 본다. 즉, 선천적인 생물학적 요인이 아니고 후천적인 심리학적 요인에 의해서 동성애자로

---

27 하재청 등 (2008). 『성의 과학』. 제6판 234. 서울: 월드사이언스.

행동한다고 본다. 또한 대다수 동성애자는 정상적인 남성 또는 여성의 육체를 가지고 있다. 그들은 발달질환인 DSD를 자기 합리화의 핑계거리로 사용하는 것일 뿐이다.

나. 동성애자 중에는 선천적인 사람과 후천적인 사람, 두 범주가 있다?

최근에는 동성애자 중에 동성애를 선천적인 경우와 후천적인 경우, 두 범주가 있다는 주장이 있다. 그러나 두 범주를 구별할 수 있는 과학적 기준은 제시하지 않고, 후천적인 사람은 동성애를 끊을 수 있지만 선천적인 사람은 끊을 수 없다고 주장한다. 이러한 주장은 과학이 아니다. 과학은 반증 가능해야 하는데, 위의 주장은 반증할 수 없다. 동성애를 끊으면 후천적인 사람이고, 끊지 못하면 선천적인 사람으로 핑계를 대는 것이다. 동성애 옹호자들이 자기들의 주장을 방어하기 위한 억지 논리에 불과하다.

다. 동성애를 선천적으로 타고났는데, 나중에 환경이나 경험을 통해 그것이 드러났다?

이 경우에도 동성애가 선천적으로 타고났다는 것을 나타내는 과학적인 증거는 없기에, 단순히 그럴듯한 논리에 불과하다. 동성애가 선천적으로 타고났는데 나중에 드러났는지, 혹은 후천적으로 형성되었는지를 분간할 아무런 방법이 없다. 위의 주장은 단순한 논리이기에, 위의 주장이 틀렸다는 것을 증명하기도 어렵다. 이제는 동성애 옹호자들이 동성애가 타고난 것이라는 주장을 뒷받침할 과학적 증거가 없으니까, 이제는 과학이 아닌 신념에 속한 주장을 해서 일반인들을 현혹하는 것 같다.

라. 다양한 동물에서 동성애 행위가 나타난다?

전 세계 동물의 종류는 150만 종 이상인데, 동성애를 하는 동물 수는 전체에 비하면 아주 적다. 즉, 특정 동물의 소수 개체만 동성애를 한다. 만약 특정 동물의 대다수가 동성애를 하면, 그 동물은 멸종하게 된다. 소수 집단에서는 비정상적인 현상이 흔히 나타날 수 있다. 예로서, 소수의 인간은 살인, 강도 등을 한다. 우리가 이러한 행동을 자연적이라고 보지 않는다. 1998년 네이처에서 원래 전형적인 일부일처제인 검은머리물떼새의 암컷이 다른 암컷에 올라타는 모습을 관찰했지만, 이것은 성내 갈등(intrasexual conflicts)을 완화하기 위한 행동일 뿐이다. 갈등을 진정시키기 위한 동성애적 행동은, 피그미 침팬지라고 불리는 보노보, 아메리카 들소 등에서도 볼 수 있다.

2010년 네이처는 수은 중독이 흰따오기 수컷에서의 동성애적 행동을 유발한다는 연구 결과를 발표하였다. 흰따오기가 메틸수은

0.05-0.3ppm에 노출되면 흰따오기의 생식행동에 영향을 미쳐 수컷끼리 짝짓는 비율이 55%까지 증가한다고 발표하였다. 경희대 생물학과의 조류 전문가인 유정칠 교수는 동물 세계에서의 동성애적 행동은 성내 갈등을 완화하기 위한 것이거나, 환경오염으로 인한 내분비계 교란 때문이며, 동물 세계에서의 동성애는 비정상적인 환경에서 매우 드물게 나타난다고 강조하였다.

마. 동성애의 선천성을 주장하는 학술 논문이 계속 나오는데?

동성애의 유전 가능성을 주장하는 학술 논문이 계속 나오는 이유에 대해 살펴보겠다. 첫째, 조사 대상의 수가 적으면 평균에서 벗어난 결과를 얻을 가능성이 높다. 이것을 통계적으로 요동(fluctuation)이라고 부른다. 예로서, 적은 수의 동성애자의 코 높이를 측정했을 때 일반인의 코 높이와 우연히 다를 수 있다. 그런데, 이때 이 결과가 우연인지, 코 높이를 결정하는 생물학적 요소가 동성애를 일으켰는지를 구별할 수 없다. 동성애자가 일반인과 다른 코 높이를 가지는 결과는 흥미롭다고 학술지에 실리게 된다. 이러한 이유로 지난 몇십 년 동안 동성애와 생물학적 현상이 연관이 있다는 논문들이 많이 발표되었다. 또한 언론이 대서특필하여, 동성애와 생물학적 현상이 연관이 있는 것으로 오해하게 만들었다. 반면에 동성애자가 일반인과 비슷한 코 높이를 가지는 결과는 학술지에 실리기 어렵다. 그런데, 그것이 의미가 있는 결과가 되려면, 일관된 결과가 나오든지 대규모로 조사하여 같은 결과가 나와야 한다. 둘째, 동성애 형성에 미치는 원인과 동성애로 말미암은 결과가 뒤바뀌어 해석될 수 있다. 예로서, 1991년 리베이가 남성 동성애자의 특정 두뇌 부분이 여성과 비슷하다는 결과를 발표하였는데, 이 결과를 죽은 사람의 두뇌에서 얻었기에, 태어날 때부터 여성과 비슷한 두뇌를 가져서 동성애를 한 것인지, 혹은 동성애자로서 살았기에 특정 두뇌 부분이 변형되었는지를 분간할 수 없다. 셋째, 과학자 또는 조사 대상자에 의해 의도적으로 결과가 왜곡될 수 있다. 1995년에 해머 연구팀 중 한 명이 해머가 데이터를 선별했다고 고발하였다.[28] 연구윤리국이 밝히지는 못했지만, 데이터가 선별되어 결과가 왜곡되었을 수 있다. 다른 경우는 조사 대상자에 의해 결과가 왜곡될 수 있다. 예로서, 1991년에 쌍둥이의 동성애 일치 비율을 조사할 때, 일란성 쌍둥이인 동성애자들이 의도적으로 조사에 많이 참여하여 쌍둥이의 동성애 일치 비율을 증가시켰을 수 있다.

바. 미국 여러 단체가 동성애 치료를 반대하는 성명서를 발표하는데?

미국의 소아과학회, 심리학회, 상담협회 등의 여러 단체에서 성명서를 발표한 것은 사실이지만, 객관적 자료에 근거한 것이 아니고, 단

---

28 Marshall, E. (1995). NIH's 'Gay Gene' Study Questioned. Science. 268. 1841.

체 회원 다수에 의한 정치적인 결정이다. 현재 미국에서는 동성애 단체가 막강한 영향력을 행사하고 있다. 1973년 미국정신의학 협회가 동성애를 질병 목록에서 제외시킨 것도 세미나장 난입, 마이크 뺏기, 소란 등의 동성애자 압력과 로비 때문이다. 학문 내용이 정치에 의해 결정된 나쁜 사례이다. 그러기에, 전문가 단체의 성명서라 하더라도, 객관적 자료에 근거한 것이 아니고 정치적 결정이면, 우리 입장에서 따져 보아야 한다. 왜냐하면, 정치적 결정은 사회 전반의 분위기 영향을 받기 때문이다. 예로서, 러시아의 전문가 단체의 결정을 물어보면 어떻게 답변하겠는가? 포르노가 합법화된 서구에서 포르노 합법화를 물어보면 어떻게 답변하겠는가?

7

동성애가 선천적이 아니라는 증거가 있는가?

가. 자녀를 낳기 힘든 행동양식은 유전일 수 없다.

특정 유전자를 가진 집단이 계속 존재하려면, 그 유전자를 가진 성인 1명당 1명 이상을 낳아야 한다. 그렇지 않으면 시간이 지남에 따라 그 집단에 속한 사람의 수가 줄어든다. 조사에 따르면 남성 동성애자의 15%만이 결혼을 하고,[29] 남성 동성애자의 13.5%가, 여성 동성애자의 47.6%가 1명 이상의 아이를 갖는다.[30] 따라서 동성애가 유전이라

---

29 Cameron, P., T. Landess, and K. Cameron (2005). "Homosexual sex as harmful as drug abuse, prostitution or smoking." Psychological Reports 95. 915.
30 Wells, J. E., M. A. McGee, and A. L. Beautrais (2011). Multiple Aspects of Sexual Orientation: Prevalence and Sociodemographic Correlates in a New Zealand National Survey. Archives of Sexual Behavior. 40(1). 155-168.

면 이미 사라졌어야 한다.

나. 돌연변이에 의한 결과라고 하기에는 너무 많다

동성애가 돌연변이에 의해 특정 유전자가 손상되어 나타난다는 주장이 있다. 돌연변이는 전체 인구집단의 1% 미만에 나타나는 유전적 변이로 정의한다.[31] 그런데 서구의 동성애자와 양성애자를 합친 비율은 약 2-3%이기에, 돌연변이에 의한 현상이라고 보기에는 확률이 너무 높다.[32]

다. 대도시에서 성장한 사람에 동성애가 많다

1994년 조사에서 14-16세 청소년기를 시골에서 보내면 동성애 파트너를 가질 확률이 낮고, 큰 도시에서 보내면 동성애 파트너를 가질 확률이 높았다.[33] 2006년에 200만 명의 덴마크인 조사에서 시골 출

---

31 Cavalli-Sforza, L. L. and W. F. Bodmer (1971). The Genetics of Human Populations. San Francisco: W. H. Freeman.
32 Whitehead, N. E. and B. K. Whitehead (2016). My Genes Made Me Do It! Homosexuality and the scientific evidence. (4th ed.). Whitehead Associates.
33 Laumann, E. O., J. H. Gagnon, R. T. Michael, and S. Michaels (1994). The Social Organization of Sexuality. Chicago: University of Chicago Press.

생이 도시 출생보다 동성애 비율이 낮았다.[34] 이 결과는 동성애가 후천적인 영향을 많이 받음을 나타낸다.

라. 가계조사에서 동성애는 갑자기 나타나서 갑자기 사라진다

유전자에 대한 일반적 사실은 유전자들은 상호 연관되어 작동한다. 예로서, 효모의 268개 유전자 사이에 567개 상호작용이 존재한다. 그리고, 생명체의 행동양식에는 일반적으로 수많은 유전자가 관여한다. 나는 습성이 다른 초파리를 40년 동안 1,000세대 동안 조사한 결과, 250개 유전자가 나는 습성과 관계되었다. 따라서, 동성애가 유전자에 의한 것이라면, 일반적인 관점에서 수많은 유전자가 관여할 것으로 추측하며, 동성애는 여러 세대에 걸쳐서 아주 천천히 변화해야 한다. 그런데, 가계조사를 하면 갑자기 동성애자가 나타났다가 갑자기 사라진다. 이는 동성애가 유전이 아니라는 것을 나타낸다.

마. 일란성 쌍둥이 연구에서 동성애 일치율이 높지 않다

동성애가 선천적인지를 확인할 수 있는 좋은 과학적 증거는 일란

---

34 Frisch, M and A. Hviid (2006). "Childhood family correlates of heterosexual and homosexual marriages: a national cohort study of two million Danes." Archives of Sexual Behavior 35(5). 533.

성 쌍둥이의 동성애 일치 비율이다. 왜냐하면, 일란성 쌍둥이는 유전자가 같고 모든 선천적인 영향을 동일하게 받기에, 동성애가 선천적이라면 일란성 쌍둥이는 높은 동성애 일치 비율을 가져야 하기 때문이다. 최근에 실시한 대규모 조사 결과를 소개하겠다. 2000년에 미국인 1,512명의 동성애와 양성애를 합친 비이성애 일치 비율을 조사한 결과, 남녀를 통합하여 일란성 쌍둥이가 18.8%이었다.[35] 2000년에 호주인 3,782명의 일란성 쌍둥이의 동성애 일치 비율을 조사한 결과, 남성 11.1%, 여성 13.6%이었다.[36] 2010년에 스웨덴인 7,652명의 일란성 쌍둥이의 동성애 일치 비율을 조사한 결과, 남성 9.9%, 여성 12.1%이었다.[37] 통계학적으로 조사 대상자가 많을수록 신뢰도는 증가하므로, 일란성 쌍둥이의 동성애 일치 비율은 대략 10% 정도라고 볼 수 있다. 그런데 10% 정도의 일치 비율도 전부 선천적인 영향이라고 말할 수 없다. 쌍둥이는 같은 부모와 환경에서 후천적 영향을 동일하게 받았으며 서로에게 영향을 줄 수 있기 때문이다. 동일한 유전자를 가지고 선천적, 후천적 영향을 모두 합쳐도 일치 비율이 10% 밖에 되지 않음은, 동성애자가 되도록 미친 선천적인 영향은 10%가 되지 않음을 나

---

35 Kendler, K. S., L. M. Thornton, S. E. Gilman, and R. C. Kessler (2000). Sexual orientation in a US national sample of twin and non-twin sibling pairs. American Journal of Psychiatry, 157, 1843-1846.
36 Bailey, J. M., M. P. Dunne, and N. G. Martin (2000). Genetic and Environmental influences on sexual orientation and its correlates in an Australian twin sample. Journal of Personality and Social Psychology 78. 524.
37 Langstrom, N., Q. Rahman, E. Carlstrom, P. Lichtenstein (2010). Genetic and Environmental Effects on Same-sex Sexual Behavior: A Population Study of Twins in Sweden. Archives of Sexual Behavior 39, 75-80.

타낸다. 즉, 일란성 쌍둥이의 낮은 동성애 일치 비율은 동성애가 선천적인 요소로 결정되지 않음을 나타낸다.

8 동성애는 왜 생기나?

근대정신의학의 프로이트 정신분석학적 이론에 따르면 정신성적 발달이 정체되면서 거세 공포, 모성의 압도성에 대한 공포 등을 원인으로 보았다. 예로서, 남자 동성애자의 경우, 어릴 때 어머니와의 과도한 밀착, 아버지의 부재, 부모에 의한 남성성 발달의 억제, 성장기 동안 자기애 단계로의 퇴행 또는 고착, 형제(자매)와의 경쟁에서 패배 등으로 보았다. 최근 연구 결과로는, ① 동성애자들이 이성애자들보다 어릴 때, 성적 또는 신체적 학대를 받은 사례가 1.6-4배 정도 많다는 보고와 함께, 어릴 때의 학대와 동성애 사이에 긍정적인 상관관계가 존재한다는 연구 결과들이 있다. 2013년에 하버드대학의 로버트 등은 동성애는 유발하지 않으면서 학대를 유발하는 가족 특성, 예로서 양부모의 존재, 가난, 부모의 알코올 중독, 부모의 정신질환 등을 사용함으로써, 유년 시절의 신체적 또는 성적 학대가 동성애를 유발할 수 있다는 결과를 발표하였다.[38] ② 2013년에 앤더슨 등은 동성애자와 양성애자들이 이성애자들보다 어릴 때 가족 단위의 어려움, 즉 가족의 정신질환, 약물중독, 교도소 수감, 부모의 별거 또는 이혼 등을 더 많이 경험한다는 결과를 발표하였다.[39] 이는 유년기 가정의 흔들림이 동성애 형성에 영향을 미침을 나타낸다. ③ 부모의 잘못된 성역할 모델이 동성애가 형성되도록 영향을 미쳤을 수 있다. 정상적인 가정에서 올바른 성역할 모델을 하는 부모에 의한 사랑을 받지 못하였을 때 생길 수 있다. ④ 유년기의 불안정한 성정체성 때문일 수 있다. 정서적 환경, 주변의 시선, 발육 부진, 뚱뚱함 등 때문에 친구로부터 놀림과 거절을 경험할 때 정상적인 성정체성이 형성되지 않을 수 있다. ⑤ 기숙사, 교도소, 군대에서 동성애를 우연히 경험하거나 여성의 경우에 성폭행과 같은 잘못된 성경험 때문일 수 있다.[40] 남성으로부터 성적 학대를 받은 남성은 자신이 동성애자라는 오해를 하거나,[41] 동성애를 학습할 수도 있고,[56] 남성으로부터 성적 학대를 받은 여성은 남성과의

---

38 Roberts, A. L., M. M. Glymour, and K. C. Koenen (2013). Does maltreatment in childhood affect sexual orientation in adulthood? Archives of Sexual Behavior 42, 161.
39 Andersen, J. P., and J. Blosnich (2013). Disparities in adverse childhood experiences among sexual minority and heterosexual adults: Results from a multi-state probability-based sample. PLoS ONE, 8, e54691.
40 Bradford, J., C. Ryan, and E. Rdthblum (1994). National lesbian health care survey: Implications of mental health care, J. of Consulting & Clinical Psychology 62, 228.
41 Gartner, R. B. (1999). Sexual victimization of boys by men: Meanings and consequences. Journal of Gay and Lesbian Psychotherapy, 3, 1.
42 Cameron, P., and K. Cameron (1996). Do homosexual teachers pose a risk to pupils? Journal of Psychology, 130, 603.

성관계를 피하려고 한다.[43] ⑥ 동성애를 미화하는 영화, 비디오, 동성애 포르노 등의 문화가 주는 호기심과 충동이 동성애가 형성되도록 영향을 미쳤을 수 있다. 또한 동성애를 인정하는 사회 풍토가 죄책감 없이 동성애를 행하게 만든다. ⑦ 다른 사람보다 쉽게 동성애에 빠지게 하는 성격이나 심리적 경향, 반대의 성에 가까운 외모, 목소리, 체형 등의 신체적인 요소 때문일 수 있다.

위에서 언급한 것들이 동성애자가 되도록 영향을 미쳤을 수는 있지만, 그러한 요소들 때문에 어쩔 수 없이 동성애자가 되었다고 말하면 안 된다. 왜냐하면 인간에게는 환경이나 요소를 충분히 이길 수 있는 의지와 절제력이 있으며, 동일한 환경이나 요소를 가진 사람 중에서 극히 소수만 동성애자가 되기 때문이다. 동성애자가 되는 기저에는 오히려 요소들의 영향을 받고 동성애자가 되겠다고 결단하는 자신의 의지적 선택이 있다. 사람의 행동은 환경이나 요인에 의해 결정되는 것이 아니라 그중에서 자신의 선택이라는 '여과망'을 통과한 것만 그 사람의 마음과 행동에 영향을 미친다.

동성 간의 성관계에서도 이성 간의 성관계와 유사한 성적 쾌감을 주므로, 동성애를 경험한 후에 다시 하고 싶은 마음이 생긴다. 동성애는 두 인격체 사이에 이루어지기에, 육체적 쾌감뿐만 아니라 정서적 친밀감을 나눌 수 있고, 동성애 상대자로부터 보호, 배려, 경제적 도

---

43 Marvasti, J. A., and V. Dripchak (2004). The trauma of incest and child sexual abuse: Psychobiological perspective. In J. A. Marvasti (Ed.), Psychiatric treatment of victims and survivors of sexual trauma(pp. 3-18). Springfield, IL: Charles C Thomas.

움 등을 받을 수 있다. 또한 동성애 상대자가 관계를 지속하기 원하며 유혹하기에, 동성애는 다른 의존보다도 더 끊기 어렵다. 요약하면, 부모, 친구, 경험, 문화 등의 후천적 요소와 외모, 성격 등의 선천적 요소에 의해 동성애 성향이 마음에 형성될 수 있다. 그런데 경험, 음란물 등의 후천적 요소가 선천적 요소보다 더 강력하고 직접적이며, 선천적 요소는 간접적이다. 또한 어릴 때의 동성애 성향은 확정적이지 않고 유동적이다. 그렇지만, 자신의 의지적 선택으로 동성애 성향을 받아들여서 행동으로 옮기면 강화되며, 강한 의존성에 의해 동성애 행위를 반복함으로써 동성애라는 성적 행동양식이 형성된다.

2012-2013년 도덕 교과서(생활과 윤리)에 다음과 같은 내용이 있었다. "성 정체성은 자기 의지와 관계없다. 이것은 의학적으로 밝혀진 사실이다. 따라서 성소수자는 정상이다. 성소수자는 다른 사람들처럼 자신의 성 정체성에 따라 행동하는 것뿐이다. 따라서 성소수자는 도덕적으로 문제가 없다."

이런 교과서 내용을 반박하면, 첫째 동성애가 자기 의지와 관계없다는 것을 뒷받침하는 어떠한 과학적 근거도 없다. 유전자, 두뇌 형태, 태아기의 호르몬 등에 관한 몇 개의 연구들이 그 증거인 것처럼 매스컴에 의해 확산되었지만, 결국에는 그렇지 않음이 밝혀졌다. 둘째, 동성애가 자기 의지와 관계없다는 것은 과학적으로 확인할 수 없다. 사람의 행동양식이 형성되는 과정에 자신의 의지가 얼마나 관여하고, 의지와는 상관없는 요인들이 얼마나 관여하는지를 현재의 과학 수준으로 알 수 없다. 그러기에 동성애가 자신의 의지와 관계없이 만들어진다는 주장은 과학적인 방법으로는 진위를 규명조차 할 수 없다. 또한 어떤 행동양식이 자신의 의지와 관계없이 형성된다는 것은 상식적으로 타당하지 않다. 인간은 자동적으로 작동하는 로봇이나 기계가 아니라, 자신에게 주어지는 요인들에 대하여 의지적으로 선택하고 반응한다. 형성된 행동양식에 자신의 의지가 얼마나 관여하는지는 알 수 없지만, 모든 행동양식의 형성에 자신의 의지가 영향을 미친다고 보는 것이 합리적이다.

동성애가 어린 나이에 형성되므로 자신의 의지와 상관없이 형성된다는 주장이 있다. 프로이트의 인격 발달 이론에 따르면 약 6-10세를 잠재기라고 하는데, 이 시기에는 동성끼리 어울린다. 즉, 잠재적 동성애 기간이다. 그러나 사춘기가 되면 성호르몬이 나오면서 관심이 이성에게로 옮겨간다. 이것이 정상적인 정신성발달(psychosexual development)이다. 그러므로 어린 나이에는 누구나 동성과의 친밀한 시기를 가지기 때문에, 그것을 동성애로 오해할 가능성이 높다. 그리고 정신분석에서는 잠재기 이전의 인격 발달에 문제가 있거나 잠재기에 문제가 있으면, 잠재기 상황이 계속 연장되거나, 사춘기 이후로 넘어갔다가 심한 좌절을 겪어 잠재기로 퇴행하면, 그 결과가 동성애라고 본다. 동성애자들이 자신의 동성애를 정당화하기 위해 동성과의 친밀감을 가졌던 경험과 추억을 일부러 회상하여 주장할 가능성도 있다. 여기서 강조하고 싶은 것은 청소년의 마음에 형성된 동성애 성향은 확정적인 것이 아니고 유동적이라는 점이다. 2007년 미국 ADD-Health survey에 따르면, 16세에 양성애자 또는 동성애자라고 대답한 청소년들이 일 년 후인 17세에 대부분 이성애자로 바뀌었다.[44] 동성애 충동이 끊임없이 올라오기에, 자신도 어쩔 수 없으니까 인정해 달라고 주장하는데, 이것은 선천적이기 때문이 아니고, 중독 현상이다. 마약, 알코올, 도박 등의 중독도 동일한 현상을 나타낸다. 그런데, 인간에게는 행동을 절제할 수 있는 충분한 절제력과 의지가 있다. 행동을 중단하면 충동이 서서히 약해진다.

---

44 Savin-Williams R. C. and G. L. Ream (2007). Prevalemce and stability of sexual orientation components during adolescence and young adulthood. Archives of Sexual Behaviour. 36, 385-394.

9
동성애와 이성애 모두 후천적이라는 주장은 어떻게 생각하는가?

    동성애와 이성애 모두 후천적 영향에 의해 형성되므로 동성애를 이성애와는 다르게 비정상이라고 볼 수 없으며 선호하는 하나의 취향으로 존중해야 한다는 주장이 있다.

    이 주장에 대한 반론은 다음과 같다. 인간은 육체와 정신으로 구성되어 있다. 육체는 부모로부터 물려받은 유전자에 의한 선천적 영향을 많이 받는다. 반면에, 정신은 태어난 후 경험하는 교육, 문화 등의 후천적 영향을 많이 받는다. 성 인식의 형성은 육체로부터 오는 선천적 영향과 교육, 문화 등에 의한 후천적 영향을 받지만, 후천적 영향이 더 강력하고 직접적이다. 이성애 형성 과정에 교육, 문화 등의 후천적 영향이 강력하지만, 선천적으로 결정된 생물학적 성이란 토대 위에 형성된다. 이성애는 선천적으로 예정된 경로를 따라 후천적인 도움을 받아서 형성되므로, 이런 의미에서 이성애는 선천적이며, 육체와 정신이 부합하는 정상적인 성 인식이다.

반면에, 동성애 형성에 미치는 선천적 영향에 대한 명확한 과학적 증거가 없다. 1990년대 초에 유전자, 두뇌 등에 의해 동성애가 결정된다는 결과들이 있었지만, 결국 잘못임이 밝혀졌다. 성 인식의 형성에 후천적 영향이 선천적 영향보다 강력하기에, 동성애는 후천적 영향에 의한 왜곡된 성 인식이 육체로부터 오는 선천적 영향을 억눌러서 나타난다고 볼 수 있다.

정확히 말하면, 성 인식은 후천적 영향과 선천적 영향에 의해 저절로 형성되는 것이 아니고, 여러 영향 중 자기 의지로 선택한 것으로 말미암아 정해진다. 후천적 영향을 선택함으로써 생긴 동성애는 선천적인 생물학적 성과 부합하지 않으므로 정상이라고 볼 수는 없다. 따라서, 동성애를 이성애와 동등하게 인정할 수 없다.

10

동성애가 확산되는 이유와
우리가 가져야 할 마음 자세?

가. 서구사회에 동성애가 확산된 이유

1) 동성애자 단체의 결집된 힘이다. 1993년에 동성애자 단체 중의 하나인 인권운동기금에 직원이 39명이었고 예산이 600만 달러이었다. 미국의 동성애자 비율은 1% 밖에 되지 않지만, 이들이 힘을 합쳐서 자신의 돈, 시간, 재능을 바쳐서 미국을 바꾸었다. 세상이 악해지는 것은 저절로 되는 것이 아니고, 악한 자의 노력에 의해 이루어진다.

2) 동성애를 옹호하는 전문가들이 지속적 활동으로 동성애가 선천적인 것으로 오해하게 만드는 논문들을 발표하였고 언론은 대서특필

하였다.

3) 인터넷 등으로 확산된 음란물의 영향이다. 상당수 사람이 어릴 때부터 음란물에 노출되어 성적인 죄악에 무감각하게 되었다. 성적인 죄에 무감각하게 된 사람들이 모든 영역, 법조계, 학계, 정치계, 종교계 등에서 동성애를 지지하는 두터운 층을 형성하였다.

4) 종교의 약화이다. 종교가 약화됨으로써, 영적인 것에 대해 관심이 없어지고 육체의 쾌락만을 추구하므로, 동성애와 같은 육체적인 쾌락이 번성하게 된다. 그 결과 2018년 OECD의 사생아 비율을 보면, 칠레는 74%, 아이슬란드 71%, 멕시코 69%, 프랑스 60%, 노르웨이 56%, 포르투갈 56%, 스웨덴 55%, 덴마크 54%, 네덜란드 52%, 벨기에 49%, 영국 48%, 뉴질랜드 48%, 스페인 47%, 핀란드 45%, 오스트리아 41%, 미국 40%, 룩셈부르크 40%, 아일랜드 38%, 오스트레일리아 35%, 이탈리아 34%, 독일 34%, 캐나다 33%, 폴란드 26%, 스위스 26%, 그리스 11%, 이스라엘 8%, 터키 3%, 일본 2%, 한국 2%이다. OECD의 평균 사생아 비율은 대략 40%이다. 포르노가 합법화된 북미, 남미, 서구 유럽은 동성결혼도 합법화하였다. 포르노가 성적 타락을 초래해서 동성결혼도 합법화되었다고 유추할 수 있다. OECD 38개 회원국의 다섯 개 사회적 금기 사항의 현황을 보면, 매춘, 사촌 결혼, 포르노를 약 90%가 허용하고, 동성결혼은 약 70%, 대마초는 약 30%가 허용하고 있다.

다섯 개 사회적 금기 사항을 모두 금지하는 나라는 OECD 중에서는 한국이 유일하다. 물론, 아시아, 아프리카의 경제적으로 어려운 나라 중에는 다섯 개 사회적 금기 사항을 모두 금지하는 나라가 있지만, 경제적으로 부유한 OECD 국가들은 모두 성적으로 타락해서, 오직 한국만 모두 금지하고 있기에, 이를 지켜내도록, 우리가 노력해야 한다.

나. 우리가 가져야 할 마음 자세

1) 예수님의 십자가와 부활의 복음에 대한 확실한 믿음을 가져야 한다. 세상의 유혹과 쾌락을 이기려면, 영생에 대한 소망이 있어야 한다.

2) 동성애를 비롯한 성적인 죄악과 싸우려면 먼저 자신이 철저하게 거룩한 삶을 살아야 한다. 저쪽의 무기는 음란이고 우리의 무기는 거룩이다. 그런데 거룩은 음란을 이긴다. 한 명의 거룩한 사람은 음란한 사람 천명을 이길 수 있다. 예로서, 소돔성에 의인 열 명만 있으면 소돔 성을 멸망시키지 않겠다는 의미는, 소돔성에 음란한 사람이 수만 명이 있더라고 의인이 열 명만 있으면 소돔성이 타락하지 않도록 유지할 수 있다는 뜻이다. 우리 자신이 철저한 거룩한 삶을 살면서 다음 세대에 의인을 만들어야 한다. 의인이 있는 한 그 사회

는 무너지지 않는다. 지금은 스마트폰이나 인터넷을 몇 번 클릭하면 음란물을 접할 수 있기에, 우리가 경건한 본을 보이면서 다음 세대에 진짜 의인을 만들어야 한다. 경건 회복 운동은 지도자들이 앞장서고 본을 보여주어야 한다.

3) 충분히 이길 수 있다는 믿음을 가져야 한다. 살아계신 하나님께서 우리 편이며, 거룩은 음란보다 강하고, 빛은 어두움보다 강하다. 예로서, 초대 교회를 보면, 지금보다 훨씬 음란했던 로마를 결국 기독교 국가로 만들었다. 정치, 교육, 문화, 종교 등이 전부 타락했음에도 불구하고, 기독교인들이 거룩하게 삶으로써, 로마 지도자들이 며느리와 배우자를 기독교 여성에서 찾음으로써, 결국 로마 지도부가 기독교를 믿게 되었다. 이처럼 세상이 음란할수록 거룩의 영향력은 더욱 강하게 나타난다. 전 세계의 동성애자 수는 기독교인에 비해 아주 적다. 그러나 안타깝게도 현재 전 세계의 기독교가 번성하던 나라들이 차금법에 모두 점령당하고, 이에 저항하고 있는 유일한 나라가 한국이다. 전 세계가 하나님께 다시 돌아올 때까지 한국이 그루터기가 되도록 최선을 다하자.

4
성 혁명의 도구, 차별금지법

가브리엘 쿠비(『글로벌 성혁명』 저자)

포괄적 차별금지법은 차별금지 조항에 성적지향과 젠더정체성을 포함하고 있어 성 혁명의 목표와 직결된다. 이 법안은 LGBTQ+ 권리를 확장하고, 전통적 성 윤리에 도전하는 새로운 사회규범을 강화한다. 이는 성을 보편적 자연질서로 인정하는 기독교의 가르침을 해체하고 대체하려 하기 때문에 기독교에 대해서는 파괴적인 역할을 한다.

1
포괄적 차별금지법은 성 혁명의 도구이다.

가. 포괄적 차별금지법(이하 차금법)의 정의와 배경

　차금법은 성별, 성적지향, 장애, 나이 등 다양한 이유로 발생할 수 있는 차별을 금지하고, 모든 사람에게 평등한 권리를 보장하는 것을 목적으로 하고 있다. 기독교적 관점에서 볼 때, 이 법은 성 혁명의 도구이며, 성에 대한 성경적 가치를 약화하는 도구로 작용할 수 있다.

나. 성 혁명의 정의와 목적

　성 혁명은 20세기 중반부터 나타난 사회문화적 변화로, 전통적 성

규범과 가정의 개념을 뒤흔들려는 운동이다. 성 혁명은 성의 자유와 성 정체성에 대한 새로운 인식을 주장하며, 특히 성적지향과 젠더정체성에 대한 기존의 사회규범을 변화시키려는 목적을 가지고 있다. 포괄적 차금법이 성 혁명의 도구로 해석되는 이유는 이 법이 전통적, 특히 기독교적 성 윤리와 가치를 위협하기 때문이다.

다. 차금법과 성 혁명은 어떻게 연결되는가?

차금법은 성적지향과 젠더정체성에 대한 차별금지 조항을 포함하고 있어 성 혁명의 목표와 직결된다. 이 법안은 LGBTQ+ 권리를 확장하고, 전통적 성 윤리에 도전하는 새로운 사회규범을 강화한다. 이는 성을 보편적 자연질서로 인정하는 기독교의 가르침을 대체하려 한다.

1) 성적지향과 젠더정체성의 재정의
성 혁명은 남성과 여성이라는 전통적 성별 구분을 해체하고, 다양한 성적지향과 젠더정체성을 사회적으로 인정받으려 한다. 차금법은 이러한 성 혁명의 목표를 입법화함으로써, 개인의 성적지향과 젠더정체성에 대한 선택을 사회적으로 정당화하고 강요하려는 의도가 있다.

2) 가정의 개념 변화
차금법은 남녀 결혼이라는 전통적인 가정의 개념을 넘어 다양한 형태의 가정을 인정하도록 요구할 수 있다. 이는 성 혁명이 주장하는 성적 자유와 다양한 가족 구조를 포용하는 방향으로 나아가는 것으로 볼 수 있다.

라. 결론

차금법은 성 혁명이 지향하는 성적 자유와 사회적 변화를 제도적으로 완성시킨다. 단순히 차별을 금지하는 것을 넘어, 성 혁명을 완성시키는 도구로 해석될 수 있다.

2

성 혁명: 성 윤리 해체를 향한 끈질긴 시도
(프랑스 혁명 - 현대)

가. 프랑스 혁명과 계몽주의의 영향 (18세기 후반)

　프랑스 혁명(1789)은 전통적 질서, 특히 왕권과 교회 권위에 대한 도전이었다. 혁명의 근본적 이념은 자유, 평등, 박애였으며, 이는 성 윤리와 같은 도덕적 영역에도 영향을 미쳤다. 계몽주의 사상가들은 인간의 이성과 개인의 자유를 강조하며 성경적 윤리를 상대화했다. 성에 관한 윤리적 규범도 개인의 자유로 여기기 시작했고, 종교가 성을 억압한다고 비판하는 흐름이 생겨났다.

나. 빅토리아 시대의 이중적 성 윤리 (19세기)

프랑스 혁명 후에도 19세기에는 성 윤리에 대한 강한 규제와 보수적 태도가 유지되었다. 빅토리아 시대(1837-1901) 동안 특히 영국을 중심으로 성적 순결과 결혼제도 안에서의 성관계가 강조되었다. 그러나 남성들의 성적 자유는 암묵적으로 허용되면서, 여성들은 엄격한 성 윤리와 순결을 요구받는 이중적 윤리관이 존재했다. 그러나 밑바닥에는 성에 대한 억압을 해체하려는 시도가 꾸준히 이어졌다.

다. 성 혁명의 초기 기반

프로이트와 마르크스주의 (19세기 후반 - 20세기 초): 19세기 후반, 프로이트의 심리학 이론은 성적 욕망을 인간 행동의 중요한 동인으로 보고, 성 억압을 정신건강 문제로 연결했다. 성의 억압을 풀어야 한다는 프로이트의 이론은 이후 성 혁명의 철학적 기반을 제공했다. 또한 마르크스주의자들은 성을 포함한 모든 사회적 관계를 경제적 구조의 산물로 보고, 성적 억압을 계급 억압과 연관지었다. 마르크스주의는 전통적인 가족제도와 성 윤리가 자본주의적 억압의 도구라 주장하며, 성 혁명의 사상적 기초를 제공했다.

라. 20세기 중반 - 1960년대 성 혁명

성 윤리를 해체하려는 가장 강력한 시도는 1960년대 성 혁명으로 나타났다. 이 시기는 특히 서구사회에서 성적 자유와 개인의 성적 자율성을 강조하는 움직임이 강력하게 일어났다. 피임약의 개발과 확산, 동성애 권리 운동, 성적지향에 대한 개방성 등이 이 시기의 주요 특징이었다. 이 시기 성 혁명은 전통 결혼제도와 가족 중심의 성 윤리를 공격하며, 자유연애와 성적 해방을 주장했다. 성 혁명운동가들은 성이 단순한 도덕적 의무나 가족 유지를 위한 수단이 아니라, 인간의 기본적인 자기표현 방식이라고 주장했다.

마. 현대 - 젠더 이데올로기와 LGBTQ+ 운동

성 혁명은 20세기 후반부터 현대까지도 성 윤리 해체를 지속적으로 추구하고 있다. 현대 성 혁명의 특징은 성적지향뿐만 아니라 젠더 정체성까지 확대된다는 점이다. 1990년대 이후로 LGBTQ+ 운동은 성소수자들의 권리 확대를 주장하며, 결혼의 재정의, 젠더 중립 언어 사용, 트랜스젠더 권리 등 다양한 분야에서 성 윤리를 변화시켰다. 젠더 이데올로기는 남녀라는 전통적인 양성 구분을 무너뜨리고, 젠더가 사회적 구성물이라는 이론을 강조하며, 젠더정체성을 개인이 자유롭게 선택할 수 있다고 주장하는데, 이는 기독교 윤리와 직접적으로 충돌한다.

바. 성 혁명의 영향과 기독교적 대응

성 혁명 이념은 끊임없이 성경적 성 윤리와 규범을 해체하려는 시도를 해왔다. 이러한 움직임은 계몽주의와 인간 이성에 대한 신뢰에서 시작되어, 프로이트의 성 이론, 1960년대 성 혁명, 그리고 현대의 젠더 이데올로기와 LGBTQ+ 운동으로 이어져 왔다. 기독교적 관점에서 볼 때, 이런 성 혁명은 하나님의 창조 질서를 거스르는 것이며, 성경적 결혼과 가정의 개념, 그리고 성에 대한 성경적 가르침을 위협하고 있어, 성경의 진리 안에서 대응하는 것이 필요하다.

3
페미니즘과 젠더주의는 어떻게 다른가?

가. 페미니즘의 개념과 발전

페미니즘은 남녀 양성 간의 평등을 목표로 하는 사회적, 정치적, 철학적 운동. 주로 여성의 권리와 사회적 지위 향상을 위해 시작되었다.

※ 페미니즘의 주요 단계:
① 1차 물결: 19c 후반-20c 초, 여성의 참정권, 교육권, 재산권 등 법적 평등을 주장.
② 2차 물결: 1960-70년대, 성적 자유, 노동시장 참여, 낙태와 피임권, 가정 내 성 역할 분담 등 사회적 평등을 추구.
③ 3차 물결: 1990년대 이후, 성, 인종, 계급, 성적지향 등 다양한

차별의 교차성 강조, 모든 억압받는 집단의 해방을 목표.

나. 젠더주의의 개념

젠더(성별) 개념을 사회적으로 구성된 것으로 보고, 전통적인 성별 이분법을 해체하려는 이론적, 사회적 움직임. 젠더주의는 생물학적 성별과 사회적으로 형성된 성 역할(젠더)을 구분하며, 젠더는 타고나는 것이 아니라 사회와 문화에 의해 만들어진다고 주장.

① 젠더는 사회적 구성물이므로, 개인이 선택하거나 표현할 수 있다는 생각.
② 젠더정체성과 젠더 표현: 젠더주의는 트랜스젠더, 논바이너리 등의 정체성을 존중하며, 전통적인 남녀 양성의 이분법을 비판. 이는 젠더가 고정된 개념이 아니라 유동적이라는 생각을 기반으로, 젠더정체성은 개인이 스스로 결정할 수 있다고 주장.

다. 페미니즘과 젠더주의의 관계

※ 공통점: 전통적 성별에 기반한 성 역할의 억압에서 자유로운 사회형성이 공동목표.

※ 차이점: 페미니즘은 양성평등에 초점을 두지만, 젠더주의는 이분법적 성별 해체에 초점을 두어 트랜스젠더나 논바이너리 정체성을 포함한 다양한 젠더정체성을 인정하고 성 역할의 해체를 지지한다. 성경적 창조 질서에 대해서는 젠더주의가 더 파괴적이다.

4

성 혁명 이념의 흐름:
UN, EU 산하 기구 - 국가인권위원회

가. 성 혁명 이념의 흐름

1) 성 혁명(Sexual Revolution)은 20세기 중반에 본격적으로 시작된 성과 관련된 사회적, 문화적 변화로 전통적인 성 윤리와 가족제도를 해체하고, 성적 자유와 성적자기결정권을 강조하는 흐름을 포함한다.

⑴ 초기 성 혁명: 1960년대 서구에서 시작, 발생 요인은
① 피임약의 개발: 1960년대 피임약의 상용화는 성을 결혼과 생식에서 분리하는 중요한 전환점이 되었다.
② 성적 자유 강조: 혼외 성관계, 동성애, 성적자기결정권 등이 이 시기에 주목받기 시작했다. 기존 성 윤리를 억압으로 보고, 거기

서 벗어나려는 성 해방운동이 확산.

(2) 성 혁명 이념의 확장: 1990년대 이후
① 성 혁명은 1990년대 이후 젠더이념으로 확장되어 성별 이분법에 대한 도전과 성소수자들의 권리 확대로 이어졌다.
② 젠더 이데올로기: 성별이 단순한 생물학적 차이가 아니라 사회적 구성물이라는 개념. 남녀 양성으로 고정된 성 정체성을 넘어 스스로 젠더정체성을 자유롭게 선택할 수 있다는 주장.
③ LGBTQ+ 운동: 성적지향과 젠더정체성에 대한 사회적 인식 변화는 LGBTQ+ 운동으로 이어졌다. 이는 동성결혼 합법화, 트랜스젠더 권리, 성적지향에 따른 차별금지 등을 주요 목표로 하며, 이를 통해 기존의 사회적 규범을 재구성하려는 운동이다.

2) UN 및 EU 산하단체들의 역할: 성 혁명과 젠더 이데올로기의 확산에 UN(국제연합)과 EU(유럽연합) 산하단체들이 중요한 역할을 했다. 이들 국제기구는 성평등, 성적 자유, 성소수자의 권리 보호를 목표로 하는 여러 정책과 프로그램을 추진해 왔다.

(1) UN(국제연합)의 역할: UN은 전 세계적인 인권 보호와 평등을 위한 국제적인 노력과 성과 젠더 이슈에 대해 다음과 같은 주요 활동을 펼치고 있다.
① UN 여성기구(UN Women): UN Women은 양성평등을 촉진

하고 여성의 권리를 보호하는 데 중점을 둔 기구. 전 세계 여성들의 정치, 경제, 사회적 영역에서 동등한 권리를 행사를 위해 노력하며, 성적 자유와 젠더 평등을 강조한다.

② UN 인권이사회(UNHRC): LGBTQ+ 권리 보호와 성적지향 및 젠더정체성에 따른 차별금지를 옹호하는 활동을 지속해 오고 있다. UN 인권이사회는 여러 차례 결의안을 통해 성소수자들의 권리 증진을 촉구하고 있다.

③ 유엔 인구기금(UNFPA): 성과 생식권을 보호하고, 성적자기결정권을 포함한 성적 자유를 지지하는 프로그램을 운영. 성적 자유와 피임, 낙태, 조기 성교육을 지지한다.

(2) EU(유럽연합)의 역할: EU는 성평등 및 성소수자의 권리 보호를 위해 다양한 법적, 정책적 노력을 통해 성 혁명 이념을 법적으로 지원하고 있다.

① EU 기본권 헌장: 유럽연합은 기본권 헌장을 통해 성적지향 및 젠더정체성에 따른 차별금지와 LGBTQ+ 인권 보호를 명시하고 있으며 EU 각국의 법적 기반이 된다.

② 유럽 의회와 성평등 정책: 성적 소수자와 성평등 문제에 대한 결의안을 통과시키고, 각 회원국에서 성평등과 관련된 법안을 강화하도록 촉구하고 있다. 특히 동성혼 합법화, 트랜스젠더 권리 인정, 성평등 교육 프로그램 도입 등을 지원하고 있다.

③ 유럽 이사회: 유럽 이사회는 성평등과 차별금지와 관련된 여러

조약과 협정을 채택, 성과 젠더 문제에 대한 포괄적 접근을 추구한다. 이는 EU에서 성 혁명 이념이 법적 제도와 사회적 인식 안에서 자리 잡는 데 기여하고 있다.

(3) 기타 국제기구들의 역할
① 세계보건기구(WHO): WHO는 성 건강과 성적 권리에 대한 국제적인 기준을 제시하며, 성적 자유와 성적 자율성을 강조하는 프로그램을 지지한다. 특히 성소수자들의 건강권을 보호와 성별에 따른 차별 철폐 활동을 하고 있다.
② 유네스코(UNESCO): 전 세계적으로 조기 성교육을 보급하며, 청소년들이 성과 관련된 권리와 책임을 교육받도록 돕고 있다. 교육을 통해 성 혁명의 기반을 제공하는 중요한 역할을 하고 있다.

3) 결론적으로 성혁명은 1960년대부터 시작되어 현대까지 성적 자유, 성별 자율성, 성소수자 권리 증진을 목표로 꾸준히 변천해 왔다. 이러한 이념적 흐름은 UN, EU 등의 국제기구에 의해 확산, 제도화되었다. 이들은 성평등과 성적 자유를 세계적 기준으로 삼고, 각국의 법적 및 사회적 변화를 이루려는 목적에 기여하고 있다.

5
차금법 입법으로 종교의 자유가 훼손된 사례

1) 성적지향 관련 설교 및 종교적 가르침 제한

기독교 전통에서는 동성애와 성적지향에 대한 성경적 교훈을 따른다. 차금법이 통과될 경우, 성적지향이나 젠더정체성에 대한 부정적 언급을 차별로 간주하여, 금지할 가능성이 있다. 이는 종교적 설교와 교육의 자유를 직접적으로 침해할 수 있다.

▫ 사례: 캐나다에서 차금법이 통과된 이후, 동성애를 죄로 가르치는 설교가 혐오 발언으로 간주되어 문제를 일으킨 사례가 있다. 일부 목회자들은 동성애에 관한 성경적 입장을 설교한 뒤 혐오 표현 혐의로 기소되거나 벌금을 부과받은 일이 있다.

2) 종교 기관의 고용 자유 침해
  차금법이 적용되면, 종교적 신념에 따라 고용 결정을 내리는 것이 불법이 될 수 있다.

  ▫ 사례: 미국의 한 기독교 학교가 동성 결혼을 한 교사를 해고한 사건에서, 해당 교사는 차금법에 근거해 고소했고, 학교는 종교적 자유에 기반한 방어를 시도했으나 법적 갈등에 직면한 사례가 있다.

3) 종교적 의식과 결혼 주례 문제
  차금법이 통과되면, 종교인(목사, 신부, 랍비 등)이 동성 결혼 주례를 거부하는 것이 법적 문제로 이어질 수 있다.

  ▫ 사례: 영국에서 동성 결혼을 법적으로 보호하는 차금법이 통과된 이후, 일부 목회자들이 동성 커플에 대한 결혼 주례를 거부해 법적 문제를 겪었고, 차별로 간주되어 법적 소송과 벌금이 발생할 수 있다.

4) 종교적 신념을 따른 서비스 거부 사례
  종교적 신념을 가진 사업주가 신념에 반하는 서비스를 제공하지 않으려는 경우, 에 의한 소송에 직면할 수 있다.

▢ 사례: 미국 콜로라도주에서 기독교 신앙을 가진 제빵사가 동성 결혼 케이크 제작을 거부하여 차금법으로 제빵사는 소송을 당했다. 이후 미국 대법원은 제빵사의 손을 들어주었지만, 많은 사람의 입을 다물게 하는 효과가 있다.

5) 종교적 교육과 학교의 자유 침해
　종교적 학교들이 성경적 성 윤리를 가르치는 것이 차별로 간주될 수 있으며, 성적지향과 젠더정체성에 대한 학교의 입장이 차금법에 의해 제재될 수 있다. 이는 신앙 교육의 자유를 심각하게 침해할 가능성이 있다.

▢ 사례: 영국의 신앙 기반 학교: 영국의 일부 기독교 학교들은 차금법으로 인해 동성애를 비판적으로 가르치는 것이 금지되었으며, 학생들에게 성경적 성 윤리를 가르칠 경우 법적제재를 받을 수 있는 상황이 발생했다.

6) 종교적 의견 표명의 자유 제한
　차금법은 종교인이나 평신도가 성적지향이나 젠더 이데올로기에 반대하는 발언을 할 때 법적 문제를 일으킬 수 있다. 이는 종교적 신념에 근거한 표현의 자유를 제한할 위험이 있다.

▢ 사례: 스웨덴의 한 목사가 성경을 인용해 동성애를 죄라고 설교

한 뒤, 혐오 발언으로 기소된 사건이 있었다. 결국 대법원에서 무죄 판결을 받았지만, 종교적 신념에 근거한 표현이 차금법에 의해 혐오 발언으로 간주된 대표적인 사례이다.

7) 트랜스젠더 권리와 종교적 자유 충돌

차금법이 트랜스젠더 권리를 보호하게 되면, 종교단체나 개인이 트랜스젠더의 정체성을 인정하지 않거나 트랜스젠더와 관련된 특정 요구를 거부할 경우, 법적제재를 받을 수 있다.

- 사례: 미국의 한 학교에서 기독교 신앙을 가진 교사가 트랜스젠더 학생을 생물학적 성별에 따른 호칭으로 부르길 원했지만, 학교는 이를 차별로 간주하고 교사에게 제재를 가한 사건이 있다. 이는 종교적 신념과 트랜스젠더 권리 보호 사이의 충돌을 보여줍니다.

결론

차금법이 입법될 경우, 종교적 신념을 따르는 사람들, 특히 기독교인들이 종교적 자유를 침해당할 수 있는 다양한 상황이 발생할 수 있습니다.

6
포르노를 정상으로 만드는 성 혁명

1) 성 혁명의 배경

성에 대한 억압적 태도를 비판하고 성적 자유와 자율성을 강조하는 것이 목표였다. 이전까지 서구사회는 기독교적 윤리관을 바탕으로 성을 결혼과 생식의 범주 안에서 엄격하게 다뤘지만, 성 혁명은 전통적 성 윤리 급진적으로 해체했다.

① 피임약의 상용화는 성적 활동을 생식과 분리하여 단순한 쾌락의 수단으로
② 성적 자유 강조: 결혼제도나 도덕과 상관없이 자유롭게 성을 즐길 권리가 부각.

이런 상황에서 포르노그래피는 금기시되지 않고, 자유로운 성적 표현의 방편이 되었다.

2) 성 혁명과 포르노그래피의 상관성

성 혁명은 포르노그래피의 생산과 소비를 촉진했고, 포르노그래피는 성 혁명 이념을 시각적, 대중적으로 확산시키는 도구로 작용했다.

① 포르노그래피의 합법화와 확산
- 성 혁명 이전, 금지되거나 엄격하게 규제되었다. 성 혁명 이후 법적 규제들이 완화되었고, 합법화되어, 포르노 산업의 폭발적인 성장을 불러왔다.
- 성 혁명 이후, 미국과 유럽을 중심으로 1960-1970년대 포르노 산업이 크게 성장했고, 합법화에 따라 대중매체와 광고를 통해 일반 대중에게 더 널리 퍼졌다.

② 포르노그래피와 성적 자유의 상호 강화
- 성 혁명은 성적 쾌락과 자율성을 강조하면서, 포르노를 자유로운 성적 표현의 한 형태로 간주했다. 그래서 단순한 음란물이 아니라, 성적 해방과 자기표현 방법으로 인정하기 시작했다. 성 혁명은 개인의 성적자기결정권을 강조했다. 이는 포르노 소비가 부끄러워할 일이 아니라 개인의 자유로운 선택 문제로 다뤄지게 했다.

3) 포르노그래피가 성 윤리와 사회에 미친 영향

포르노그래피의 확산은 성 혁명 이념의 영향을 받아 발전했을 뿐만 아니라, 현대 성 윤리와 문화에 심각한 영향을 미쳤다.

① 성적 객체(도구)화와 인간관계 왜곡: 포르노그래피는 성적 자유와 쾌락을 강조하는 동시에, 인간을 성적 쾌락의 도구로 객체화하는 경향을 강화했다.
② 가정과 결혼제도에 대한 도전: 성 혁명은 성을 결혼과 가정의 틀에서 벗어나 자유롭게 소비가능한 것으로 인식하게 했고, 포르노는 이런 인식을 시각적 콘텐츠로 강화했다. 포르노가 대중화되면서, 결혼의 성적 헌신이나 성 윤리가 약화, 외도 증가, 성 중독 문제, 성적 만족에 대한 비현실적인 기대를 조장으로 가정의 안정을 위협했다.
③ 윤리적 문제와 도덕적 타락: 포르노그래피의 확산은 개인적인 성적 자유를 주장하는 성 혁명적 사고와 달리, 사회 전체의 도덕적 타락과 윤리적 혼란을 불러일으켰다. 포르노에 지속적 노출로 중독, 성범죄 증가, 미성년의 성적 타락으로 이어졌다.

4) 기독교적 관점에서의 비판

① 하나님의 창조 질서와 성에 대한 성경적 가르침을 훼손하였다. 성경은 성을 결혼이라는 신성한 제도 안에서 남자와 여자의 연

합으로 규정하며, 성적 순결과 절제를 강조한다. 따라서 성 혁명과 포르노그래피는 성경적 윤리와 배치된다.

② 성적 타락과 죄: 포르노는 사람들을 음란함과 성적 타락으로 이끌며, 이를 통해 인간의 영혼을 병들게 하고 하나님과의 관계를 단절시키는 죄이다(마 5:28). 성경에서 경고하는 음행(고전 6:18)에 포르노 소비와 성적 쾌락 추구를 포함할 수 있다.

③ 가정과 결혼 파괴: 기독교는 결혼을 하나님이 세우신 거룩한 제도로 이해하며, 성은 그 안에서만 허용된다고 가르친다. 포르노그래피는 이를 위협한다.

7

젠더 이념이 언어의 뜻을 훼손하는 방식은?

1) 성(sex)과 젠더(gender) 구분의 모호성

기존에는 "성(sex)"이라는 용어가 생물학적 차이를 의미하고, 남녀 양성의 이분법적 구분을 사용해 왔다. 젠더 이념은 "젠더(gender)"라는 개념을 도입하여 생물학적 성과는 별개의 사회문화적 성을 의미한다고 주장한다.

① 전통적 의미의 훼손: 이로 인해 남성과 여성이라는 단순하고 명확한 언어적 구분이 모호해지고, 다양한 젠더정체성이 인정되면서 언어의 본래 의미가 흐려진다.
② 정의의 확장과 모호성: "젠더"라는 개념이 수십 개 이상의 젠더 정체성을 포함하게 되면서, 사회적으로 용어의 사용에 혼란을

초래한다.

2) 성 중립적 언어의 강요
   젠더 이념은 성별 구분을 없애려 한다.

   ① 대명사 사용: "he"나 "she"와 같은 전통적인 성별 대명사 대신, 성 중립적 대명사인 "they"를 사용하도록 요구, 일부 사람은 자신을 "xe"나 "ze"와 같은 새로운 대명사로 부르도록 요구하며, 이는 기존 언어 체계의 혼란을 초래할 수 있다.
   ② 직업명, 관계명에서의 변화: "policeman"이나 "fireman"과 같은 직업명에서 남성을 가리키는 "man"을 제거하고, "police officer", "firefighter" 등 성 중립적 용어로 대체하려는 움직임이 있다. 따라서 언어의 전통적 의미와 사용 방식이 변형된다.

3) 젠더 이념의 언어적 규제
   ① 젠더정체성을 인정하지 않거나 그들의 선호하는 언어를 사용하지 않으면 혐오 발언으로 간주하거나 처벌을 받을 수 있는 상황이 발생할 수 있다.
   ② 법적 규제: 캐나다의 C-16 법안의 경우, 개인이 트랜스젠더나 젠더비순응자의 선호 대명사를 사용하지 않으면 법적으로 처벌을 받을 수 있도록 했다. 이는 언어 사용의 자율성을 억압하고, 기존 언어의 전통적 의미와 맥락을 강제로 변경

4) 언어의 정치화
   ① 젠더 이념에 따른 언어의 변화는 정치적 이데올로기와 연결되어 있다. 이념에 의해 언어가 재정의되면, 언어는 정치적 수단으로 변질될 수 있다.
   ② 담론의 변화: 젠더 이념에 반대하는 의견을 표명하는 것을 혐오 발언으로 규정하는 경우, 공론장에서의 자유로운 담론이 억압될 수 있다.

5) 전통적 가치관과의 충돌
   기독교를 비롯한 보수적 전통 가치관에서는 언어가 하나님이 정하신 창조 질서를 반영해야 한다고 본다. 남녀 이분법적 성을 인정하며, 이는 언어에서도 분명하게 드러나야 한다. 젠더 이념은 기독교적 가치와 근본적으로 충돌한다.

8

다양한 젠더정체성과 사회정의 문제

1) 사회정의와 젠더정체성

  젠더 정체성과 관련한 사회정의 운동은, 특히 젠더 소수자(트랜스젠더, 논바이너리 등)가 사회적으로 차별받지 않도록 그 권리보호에 중점을 둔다.

  ① 젠더 소수자의 권리: 전통적인 성별 이분법에서 벗어나 스스로의 성 정체성을 표현할 권리를 주장한다. 이들은 일자리, 의료 서비스, 교육, 법적 권리에서 평등한 대우(실제로는 편파적인 우대)를 요구하며, 법적 보호 장치가 필요하다고 주장한다.

  ② 차별금지: 많은 국가에서 젠더정체성에 기반한 차별을 금지하는 법률이 제정되고 있다. 예를 들어, 고용이나 주거에서의 젠더정

체성에 따른 차별을 금지하거나, 성별 대명사를 존중하는 법적 규정이 존재할 수 있다.

2) 젠더정체성과 평등 개념

사회정의 문제에서 젠더정체성은 평등과 직접적으로 연결된다. 평등은 모든 개인이 성별에 상관없이 동등한 권리를 가진다는 전제에서 시작된다. 전통적으로 남녀의 생물학적 차이에 기반해 설정된 규범이나 권리들이 젠더의 다양성을 포괄하지 못할 때, 이것이 불평등으로 간주될 수 있다.

① 법적 성별 인식: 젠더정체성을 반영하여 법적 성별을 인정하고, 그에 따른 권리나 책임을 부여하는 제도가 마련되지만 혼란과 갈등을 일으킬 수 있다.
② 교육과 평등: 젠더정체성의 다양성을 존중하기 위해 학교나 공공기관에서 젠더 교육을 강화하려는 시도가 있다. 이런 교육 방식은 전통적 가치관을 가진 사람들을 억압할 수 있다.

3) 젠더정체성과 차금법

젠더정체성을 보호하기 위한 차금법은 사회정의의 구현을 위한 중요한 도구로 여겨진다. 그러나 이러한 법들은 종종 종교적 자유, 표현의 자유, 전통적인 성 윤리와 충돌하는 문제를 일으키기도 한다.

① 종교적 자유와의 갈등:

② 여성 공간과의 충돌:

4) 젠더 정체성과 포괄적 차금법

　포괄적 차금법은 사회정의의 구현을 위해 성별, 젠더정체성, 성적지향 등에 따른 차별을 금지하는 법이다. 그러나 이 법이 젠더정체성과 관련된 이슈를 다루는 방식이 과도하며, 성소수자의 독재로 인해 비판받기도 한다.

① 표현의 자유 제한: 전통적인 성 윤리관을 가진 사람들을 억압한다.

② 강제된 언어 사용: 젠더정체성에 따른 선호 대명사를 사용하지 않을 때 법적 처벌을 가하도록 규정하고 있다. 개인의 신념과 언어 사용의 자유를 억압하는 것이다.

5) 기독교적 관점에서 본 젠더 정체성과 사회 정의

　보수적 기독교 관점에서 보면, 젠더 정체성과 사회정의의 연관성은 성경적 세계관과의 충돌로 이어질 수 있다. 성경에서는 하나님께서 남자와 여자를 창조하시고 그 역할을 분명히 규정하셨다고 가르친다(창 1:27). 따라서 성별 이분법을 부정하는 젠더정체성 이념은 성경적 가르침에 반한다.

9

동성애 동성혼 허용이 기독교에 미치는 영향은?

① 성경적 결혼관의 왜곡

성경은 결혼을 한 남자와 한 여자 사이에 성스러운 언약으로 이해한다(창세기 2:24, 마태복음 19:4-6). 동성혼 허용은 성경적 결혼의 정의를 부정하고, 결혼의 본래 목적과 의미를 훼손할 수 있다.

② 윤리적 기준의 혼란

기독교는 성경을 윤리의 최종 권위로 삼는다. 동성애를 죄로 규정하는 성경의 가르침(로마서 1:26-27, 레위기 18:22)을 무시하고 이를 허용할 경우, 성경적 윤리 기준이 약화되며, 교회의 도덕적 권위도 손상될 수 있다.

③ 교회의 분열

동성애와 동성혼에 대한 교회 내부의 입장 차이는 기독교 공동체 내의 갈등과 분열을 일으킬 수 있다. 특히, 성경적 진리를 고수하려는 교회와 더 진보적인 사회적 가치관을 수용하려는 교회 간의 충돌이 심화될 수 있다.

④ 복음의 증거 약화

기독교는 성경의 가르침에 따라 세상에 빛과 소금의 역할을 감당해야 한다. 동성애 허용은 교회가 세상의 압력에 굴복하는 모습으로 비춰질 수 있고, 이는 복음의 능력과 교회의 진리 증거를 약화할 수 있다.

⑤ 다음 세대에 미치는 영향

동성혼의 허용은 다음 세대에 혼란을 일으킬 수 있다. 성경적 가정의 중요성과 가르침이 약해지면, 세속적 가치관이 더 큰 영향을 미칠 수 있다.

10
학교에서 포괄적 성교육이 강화되면 어떤 일이 일어날까?

① 성경적 가치관과 충돌

포괄적 성교육이 강화되면 동성애, 성적 다양성, 젠더정체성 등에 대한 교육이 포함될 가능성이 높다. 이는 성경에서 말하는 남자와 여자의 결혼과 순결에 대한 가르침과 충돌할 수 있고, 기독교 가정의 성경적 가치관 교육과 충돌할 수 있다.

② 어린 나이에 부적절한 정보에 너무 많이 노출(too much too early)

성교육의 범위가 확대되면, 어린 학생들이 아직 성적으로 준비되지 않은 상태에서 성적 정보에 노출될 수 있다. 이는 아이들에게 혼란을 초래할 수 있으며, 성에 대해 성숙하지 못한 시점에 지나치게 많은 정보가 제공되는 것에 대한 우려가 제기될 수 있다.

③ 전통적 가정관의 약화

포괄적 성교육이 동성혼, 다양한 가정 형태, 성별 유동성 등과 같은 주제를 다루면, 성경적 결혼과 가정관이 약해질 수 있다. 특히 성경에서 제시하는 한 남자와 한 여자의 결혼에 대한 가르침이 도전받을 수 있다.

④ 부모의 권리와 책임 약화

포괄적 성교육이 학교 주도적으로 진행될 경우, 부모가 자녀의 성교육에 대한 선택권을 가지기 어려워질 수 있다. 이는 부모가 자녀에게 전하고자 하는 성 윤리와 가치 전달에 어려움을 겪게 할 수 있다.

결론적으로 포괄적 성교육이 학교에서 시행되면 미성숙한 아이들에게 너무 많은 정보를 너무 일찍 제공하게 되어, 조기 성애화, 성 정체성 혼란, 기독교적 가정의 개념을 공격하는 성 혁명이 일어날 수 있다.

5
의학이 말하는 동성애

임수현(현비뇨기과의원 원장)

남성 동성애자들 사이에서 주로 행하여지는 항문성교는 인체해부학적으로 합당하지 않다. 또 항문성교가 불러올 수 있는 주요 질병으로 변실금, 곤지름, 엠폭스, 간염, 헤르페스, 에이즈가 있다.
"항문성교는 절대적으로 말리고 싶은 행동이다. 왜냐하면 그 치러야 할 대가가 엄청나기 때문이다"라고 대장항문외과 전문의들은 경고한다.

1
동성애의 정의와 역학

가. 동성애란 무엇인가?[1]

동성애(homosexuality)는 성적지향(sexual orientation) 중 하나이다. 성적지향은 동성애가 의학적 병(성도착)이 아닌 중립적인 용어처럼 보이게끔 새로 만들어 낸 용어이다. 성적지향은 성적 끌림이 향하는 대상 또는 성행위 대상이 이성, 동성 또는 양쪽 모두인가 하는 것이다. 그 대상이 이성일 때는 이성애(heterosexuality), 동성이면 동성애, 양쪽 모두라면 양성애(bisexuality)라고 한다. 한편 동성애자들은 homosexual 또는 homosexuality는 의학적(병적) 의미가 있다

---

1 생명과 성 I (킹덤북스, 2020), 제6장 동성애와 의학, 2.동성애란 무엇인가?

고 싶어하면서, 남성 동성애자들은 스스로를 게이(gay), 여성 동성애자는 레즈비언(lesbian)이라고 부른다. lesbian, gay, bisexual(양성애자), transgender(트랜스젠더), queer(퀴어) 또는 questioining 그리고 plus(그 외 다양한 젠더)를 통틀어 LGBTQ+로 부르기도 하는데, 이는 소위 성소수자(sexual minority)를 지칭하는 용어로 사용된다.

동성애는 동성 간의 성적 끌림(homosexual attraction)과 성적 행동(homosexual behavior), 그리고 동성애자로서의 정체성(homosexual identity)으로 정의된다. 동성애로 번역된 'homosexuality'는 원래 동성(homo) 간 성행위(sexuality)를 의미한다. 한국어로 번역하면서 '애(愛 love)' 자를 사용하여 오해를 일으킬 수 있으나 동성 간의 우정이나 일반적인 인간적 사랑은 성적이지 않기 때문에 동성애가 아니다. 최근 미국심리학회는 동성 간의 성적 끌림 외에도 감정적(emotional) 및 낭만적(romantic) 끌림을 포함함으로 성적인 의미를 희석하면서 동성애의 정의를 확대하고 있다. 동성끼리 성관계를 갖지 않는 경우도 동성애의 범주로 포함하려는 의도가 반영된 것으로 보이지만, 동성애에서 의학적인 문제와 관련된 가장 중요한 것은 동성 간 성행위이다.

나. 동성애자는 얼마나 많은가?

동성애자의 비율은 동성애의 정의와 범위 그리고 조사 방법에 따라 다르게 나타날 수 있다. 즉 성적 끌림, 성적 행동, 성적 정체성에 대한 질문의 범위와 내용에 따라 대답이 달라질 수 있다.

2023년 미국 갤럽[2]에 의하면 18세 이상의 미국인 12,000명을 조사했을 때, 7.6%가 LGBTQ+로 나타났다. 레즈비언 1.2%, 게이 1.4%, 트렌스젠더 0.9%, 양성애자 4.4%, 기타 성적지향(범성애, 무성애, 퀴어, 기타) 0.4%였다. 세대별로 자신을 LGBTQ+로 생각하는 비율이 1997-2005년생(Z 세대) 22.3%, 1981-1996년생(밀레니얼 세대) 9.8%, 1965-1980년생(X 세대) 4.5%, 1946-4964년생(베이비붐 세대) 2.3%, 1945년 이전에 태어난 세대는 1.1%로 젊을수록 높았다. 이러한 현상은 교육, 문화, 미디어, 정치, 제도의 변화에 따른 영향이 반영된 것으로 볼 수 있다.

2021년 영국 통계청 조사[3]에서는 16세 이상의 성인 4,490만명 중에 3.2%가 LGB+였다. 게이 또는 레즈비언 1.5%, 양성애자 1.3%, 기타 성적지향(범성애자, 무성애, 퀴어, 기타)은 0.3%이다.

글로벌 리서치 기업 중 하나인 IPSOS에서 27개국을 대상으로 시행한 2021년 LGBT+ survey에서 전체적으로 동성애자 7%(동성에게만 끌림 5%, 거의 동성에게 끌림 2%), 양성애자는 4%였다. 이 조사에서 한국은 동성애자가 2%(동성에게만 끌림 1%, 거의 동성에게 끌림 1%), 양성애자는 7%였다.[4]

---

2 https://news.gallup.com/poll/611864/lgbtq-identification.aspx
3 Sexual orientation, England and Wales: Census 2021
4 https://www.ipsos.com/sites/default/files/ct/news/documents/2021-06/lgbt-pride-2021-global-survey-ipsos.pdf

질병관리본부 발주, 고려대학교 산업협력단 주관으로 2015년에 발표된 '전국 성의식 조사'는 HIV/AIDS의 위험집단인 동성애자의 규모를 파악하여 정책 수립 등에 필요한 기초자료를 확보하기 위해 수행되었다. 연구 결과, 동성애의 정의를 동성에게 성적 매력을 느끼는 것으로 했을 때, 남자는 0.8%, 여자는 1.0%였고, 양성 모두에게 성적 매력을 느끼는 남자는 1.4%, 여자 1.7%였다. 또한 1년 이내 동성과의 성행위를 유지한 경우로 정의하면 남성 1.5%, 여성 0.9%로 나타났다.[5]

---

5 https://scienceon.kisti.re.kr/commons/util/originalView.do?cn=TRKO201600015992&dbt=TRKO&rn=

2

동성애자들의 성행위 행태와
항문성교의 위험성

가. 동성애자들의 성행위 행태

　남성 동성애자들의 보편적인 성행위 형태는 항문성교, 구강성교, 항문에 손가락 넣기(피스팅, fisting), 항문 주위를 혀로 핥기(리밍, rimming) 등이다. 여성 동성애자들은 주로 구강성교, 손가락을 이용한 질 삽입, 상호 자위행위 등을 한다. 어떠한 성행위라도 병을 유발하는 세균이나 바이러스에 감염된 사람과 관계를 맺거나 성파트너가 많을수록, 관계 횟수가 많을수록 성병에 걸릴 확률이 높아지지만 가장 위험한 성행위는 항문성교이다.

　동성애자들은 정조를 지킨다고 하지만 실제로는 일회성 섹스가 많고 일생에 많은 파트너와 관계를 맺는다. 여러 연구에 의하면 1명의 게이가 1년에 평균 8명에서 많게는 76명까지 많은 파트너 수를 가진다.[6,7] 2004년 국내 남성 동성애자 348명을 대상으로 조사한 연구[8]에서도 지난 1년 동안의 파트너 수는 1-5명이 68.9%, 6-15명 14.6%, 16-30명 3.6%, 30명 이상이 5.1%였다. 또한 파트너를 만나는 장소나 방법은 인터넷 채팅이나 메일이 29.4%, 특정 지역의 업소 28.4%, 사우나 찜질방 6.1%, 공원이나 터미널 0.3%로 즉석 또는 일회성 만남, 모르는 사람과의 만남이 많다.

남자와 여자 동성애자 모두에서 약물 남용과 흡연율, 음주율이 높은 것으로 알려져 있다. 특히 성행위 전이나 도중에 경험을 유지, 강화, 억제 또는 촉진하여 더 큰 성적 쾌락을 얻기 위해 약물(필로폰, 엑스터시, 케타민, 대마 등의 마약)을 사용하는 켐섹스(chemsex, chemical sex)가 최근 증가하고 있으며, 이는 더욱 위험한 건강 문제를 유발하고 에이즈나 성병을 전파시킬 가능성을 높인다.

나. 항문성교의 위험성

남성 동성애자들 사이에서 주로 행하여지는 항문성교는 인체해부

---

6 글로벌 성혁명 (밝은생각, 2018), p.226
7 동성 결혼의 의학적 문제, 기독교세계관학술동역회
8 한국 남성 동성애자들의 성행태와 후천성면역결핍증에 대한 인식, J Prev Med Public Health 2004;37(3):220-224

학적 구조와 목적에 어긋나는 행위이기 때문에 수많은 질병을 유발할 수밖에 없다. 항문은 배변의 통로이며 배변 자제 기능에 필수적인 배설기관으로 괄약근에 의해 둘러싸여 있어 휴식 중에는 오므려져 있다가 배변 시에만 열려 배변 조절에 관여한다.

항문의 기능과 역행하는 항문성교 시에 가장 흔하게 손상되는 부위는 항문의 피부 점막으로 치열(항문 찢어짐)이 잘 발생한다. 또한 3-4cm 길이의 짧은 항문관과 바로 연결된 직장의 외벽은 한 층의 얇은 세포막으로 이루어져 찢어지기 쉽고, 점막 밑에 모세혈관이 풍부하여 점막 손상 시 출혈도 쉽게 발생한다. 항문과 직장 점막에 물리적인 자극과 손상이 반복되면 점막의 보호기능이 상실되어 많은 감염질환이 발생하게 된다. 남성 동성애자들은 매독, 임질, 클라미디아감염, 인유두종바이러스(콘딜로마, 항문암, 구강암, 자궁경부암의 원인 바이러스) 등 여러 성병과 에이즈, 간염, 엠폭스 등에 걸릴 확률이 높다.

항문괄약근은 작은 근육들이 세밀하게 연결되어 매우 정교하게 작동하는 근육으로 꼬리뼈에 붙어 있기 때문에 제한적으로 확대된다. 항문성교로 인하여 괄약근이 지속적인 물리적 충격과 손상을 받게 되면 점차적으로 그 힘이 약해져 변실금이 야기된다.

최근 국내 언론 기사는 성소수자들이 항문성교를 소개하는 유튜브 영상을 어렵지 않게 찾아볼 수 있다면서 항문성교가 불러올 수 있는 주요 질환으로 변실금, 곤지름, 엠폭스, 에이즈를 언급했다. 그리고 "항문성교는 절대적으로 말리고 싶은 행동이다", "항문성교를 즐긴

후 치러야 할 대가가 엄청나다"고 경고한 대장항문외과 전문의들의 목소리를 전했다.[9]

---

9   https://news.mt.co.kr/mtview.php?no=2023061413173413749, "대변 찔끔찔끔" 고통 호소…"이것 절대 하지 마" 의사들 경고 이유

3

성병의 종류와 위험요인 그리고 의학적 문제

성병 또는 성매개감염(sexually transmitted infection)은 전 세계적으로 발생률이 꾸준히 증가하고 있으며 성과 생식 건강에 중대한 영향을 미치고 있다. 개방화, 글로벌화된 현대사회에서 성병의 완벽한 예방과 통제는 거의 불가능한 것으로 평가되고 있다. 우리나라도 나이를 불문하고 성병이 증가하고 있으며, 이는 성의 해방과 자유를 추구하고 성도덕이 문란해지고 있는 현상에서 원인을 찾아볼 수 있다.

가. 성병이란?

성병 또는 성매개감염은 성행위, 특히 질, 항문 및 구강성교를 포함한 성적 접촉을 통해 30종 이상의 다양한 박테리아, 바이러스 및 기생충이 전파되어 감염된 상태를 말한다. 과거에는 성매개감염병의 질병과 증상이 생식기에 발생하는 상태를 성병(venereal disease, VD)이라고 했다. 그러나, 세계보건기구에서는 대부분의 성병이 성접촉에 의해 전파되기 때문에 증상과 병변의 위치와 무관하게 성매개감염이라고 부르는 것을 권장하고 있으며, 이는 증상이 있는 환자와 무증상 환자들을 모두 포함하는 개념이다.

나. 성병의 종류

성매개감염의 원인균은 30여 종 이상으로 다양하고 주로 보호되지 않은 성접촉에 의해 전파된다. 일부는 임신, 출산, 모유 수유 중에 전염될 수도 있고, 감염된 혈액이나 혈액제제를 통해서도 전염될 수 있다.

- 박테리아: 매독, 임균(임질), 클라미디아, 마이코플라스마, 유레아플라즈마, 연성하감, 성병성림프육아종, 세균성 이질
- 바이러스: HIV/AIDS, 단순포진바이러스(HSV), 인유두종바이러스(HPV-생식기사마귀, 자궁경부암, 항문암, 인후두암의 원인), 간염(A,B,C형), 엠폭스
- 원충: 트리코모나스, 아메바증

- 곰팡이: 칸디다
- 기생충: 사면발이, 옴

이 중 8가지가 성매개감염의 가장 흔한 병원체이다. 매독, 임질, 클라미디아, 트리코모나스증 등 4가지는 현재 치료가 가능하지만, 나머지 4종(HSV, HIV, HPV, B형 간염)은 완치가 불가능한 바이러스 감염이다.

다. 성병의 위험요인

2023년 성매개감염 진료지침에 따르면 성매개감염의 위험인자는 아래와 같다.[10]

- 성매개감염인과의 성접촉
- 성적으로 활동적인 25세 미만의 남/녀
- 새로운 성 파트너 또는 지난 1년 동안 2명 이상의 성 파트너
- 현재의 성 파트너 이외에 이전의 성 파트너와의 관계를 지속하고 있는 사람
- 피임을 하지 않거나 피임시 콘돔 이외의 단독 요법을 사용하는

---

10 https://stiguide.kr/wp-content/uploads/2023/04/Korean_STI_Guidelines_2023.pdf

경우 (경구 피임약, 자궁내 장치 등)
- 주사제 약물 사용자
- 알코올이나 마약 중독자 (마리화나, 코카인, 엑스터시, 필로폰)
- 안전하지 않은 성관계를 한 경우 (무방비 섹스, 구강, 항문 성교 및 가학피학증을 포함한 성관계와 함께 혈액 접촉이 일어나는 경우)
- 성 접대부와 그들의 고객들
- "서바이벌 섹스": 돈이나 마약, 음식 등 생존을 위하여 성을 파는 경우
- 길거리 청소년, 노숙자
- 익명의 성파트너 (인터넷 만남, 즉석 만남, 광란의 파티)
- 성폭행 피해자/가해자
- 이전의 성매개감염 과거력

라. 성병의 의학적 문제

성병은 자신과 타인의 건강에 큰 영향을 미친다. 치료하지 않으면 신경 및 심혈관 질환, 불임, 자궁외임신, 사산, HIV 위험 증가 등 심각한 결과를 초래할 수 있다.

- 무증상이 많아 자신도 모르게 타인을 감염시키고, 치료 시기를

놓쳐 후유증이 발생할 수 있다.

- 항생제 내성의 증가로 치료의 어려움이 초래되고 있다.

- 중복감염 위험성
  - 급성기 상태에서는 또 다른 성매개 감염이 중복감염될 확률이 높아진다.
  - 매독, HSV 감염 시 생기는 피부의 궤양은 HIV 감염과 전파 확률을 높인다.

- 후유증과 합병증
  - 여성에서는 골반염이나 만성골반통증후군, 자궁외임신, 불임 등이 유발될 수 있으며, HPV 감염 상태가 지속되면 자궁경부암의 원인이 된다.
  - 남성에서는 요도협착을 비롯하여 고환이나 전립선을 포함한 각종 생식기 계통의 문제로 고통을 겪을 수 있으며, 이런 질환들이 불임의 원인이 되기도 한다.
  - 매독의 경우 신경질환과 심혈관질환까지 발전할 수 있고, HPV 감염은 자궁경부암, 항문암, 구강암 등의 악성종양이 발생할 수 있다. HIV 감염이 에이즈로 진행하면 여러 심각한 합병증이 발생하고 일반인과 비교하여 평균 수명이 30년가량 짧다.

- 정신적 문제
- 바이러스에 의한 성매개감염이 만성적으로 지속되는 상태는 장기간에 걸쳐 환자들의 사회적, 정신적 건강에 악영향을 끼치게 된다.

4 동성애와 성병

　동성애자들에게 성병의 위험도가 높은 이유는 ① 동성애자 특유의 문란성, 충동적 섹스, 안전한 성에 대한 소홀함 등 때문이다. ② 동성애자들은 성병이나 HIV의 위험을 알면서도 쾌감을 위해 콘돔 없이 성교하는 경우가 많다. ③ 성병 원인균들이 항생제 내성을 보임에 따라 치료가 어려워지고 있다. ④ 노출전 예방요법(PrEP, pre-exposure prophylaxis)를 받으면 HIV 감염을 예방할 수 있다고 믿고 콘돔 사용을 줄인 결과 성병에 더 노출되고 있다. 동성애자들에게 성병이 증가하고 있는 또 다른 이유는 동성애가 용인되고, 사회적 관용이 증가하고, 에이즈가 억제되고 예방된다는 의학기술 발전에 따라 더 함부로 위험한 섹스를 하고 있기 때문이다.[11]

가. 남성과 성관계를 갖는 남성들(MSM, Men Who Have Sex with Men)의 성병 위험성 (미국 질병통제예방센터(CDC) 성병 치료 지침 2021)[12]

- MSM은 다수의 파트너, 익명의 파트너, 콘돔 없는 성교, 항문 성교, 약물 사용, 온라인 사이트를 통한 만남(이는 성교 기회를 늘리고 성병 전파가 촉진될 수 있는 밀집된 성적 네트워크를 만들 수 있다) 또는 행동적, 생물학적 요인으로 인해 HIV 및 기타 성병에 대한 위험이 증가한다.

- MSM 사이에서 반복적인 매독 감염이 흔하고 임질 발생률이 증가했으며 다른 그룹에 비해 항균제 내성을 보일 가능성이 더 높다. HPV 감염 및 관련 질환(항문생식기 사마귀 및 항문암)은 MSM에서 매우 흔하다.

- MSM의 HIV 위험
- MSM은 HIV 감염 위험이 매우 높다. 미국에서 MSM의 추정 평생 HIV 감염 위험은 1/6인 반면, 이성애 남성은 1/524, 이성애 여성은 1/253이다.

---

11 생명과 성 I (킹덤북스, 2020), 제6장 동성애와 의학, p.190
12 https://www.cdc.gov/std/treatment-guidelines/msm.htm

- HIV의 경우 음경-질 성교에 비해 수용성 항문성교를 통해 훨씬 더 쉽게 전염된다.
- 다른 성병의 감염은 HIV 감염 위험을 상당히 증가시킨다. 새로운 HIV 감염의 약 10%가 클라미디아 또는 임균 감염에 기인한 것으로 추정된다.

• 직장 및 인두 검사의 중요성
- 직장 임질 및 클라미디아는 HIV 감염과 관련이 있으며, 직장 감염이 반복되는 남성은 HIV 감염 위험이 상당히 높다.
- 임질 또는 클라미디아에 의한 인두 감염은 요도 감염의 주요 원인이 될 수 있다.
- MSM의 경우 직장 임질과 클라미디아 유병률은 각각 0.2%-24%, 2.1%-23%이고, 인두 임질과 클라미디아 유병률은 각각 0.5%-16.5%, 0%-3.6%이다.

• MSM에게 권장되는 성병 검진 종류: HIV, 매독, 임질, 클라미디아, B형/C형 간염 바이러스, HPV, HSV

• MSM의 장내 감염
- 최근 성인 MSM 사이에서 쉬겔라증 발생률이 전 세계적으로 증가하고 있다. 전염은 구강-항문 접촉이나 성적 접촉을 통해 이루어진다. HIV 감염은 장내 병원균 배출과 숙주의 감수성을 증가

시켜 전염의 가능성을 높인다. 2004년부터 2015년까지 영국에서 MSM 중 여행과 관련되지 않은 쉬겔라 진단의 21%가 HIV 감염자였다.
- E. coli와 같은 박테리아, A형 간염과 같은 바이러스, Giardia lamblia 등의 기생충도 구강-항문 접촉을 통해 MSM 사이에 질병을 일으킬 수 있다.
- MSM 사이에서 장내 감염과 관련된 특정 행동에는 성교 파티와 켐섹스가 있으며, 이는 콘돔 없는 성교, 그룹 성교, 피스팅, 섹스토이 사용 및 똥놀이(scat play)를 쉽게 할 수 있게 한다.

나. 매독

유럽[13]의 경우, 2022년 매독 확진 사례가 35,391건으로 2021년보다 31%, 2018년 대비 41% 증가했다. 2022년 매독 환자의 74%는 MSM에서 보고되었다. 매독 발병률은 남성이 여성보다 8배 높았고, 25-34세 남성에서 가장 높았다. 매독 신고 추세는 2013년에서 2022년 사이에 증가했는데 주로 MSM에서의 감염 증가 때문이다.

미국[14,15]에서는 2021년에 매독이 176,713건 보고되었고, 2000년과 2001년에 역사적 최저치를 기록한 이후 매독은 거의 매년 증가

---

13 https://www.ecdc.europa.eu/en/publications-data/syphilis-annual-epidemiological-report-2022

해 2020-2021년 동안 28.6% 증가했다. 2000년 이후 남성의 매독 발병률이 증가했는데, 이는 MSM에서 감염이 증가했기 때문이다. 전체 남성 1기, 2기 매독 환자의 대다수(2020년 53%, 2021년 46.5%)가 MSM이었다. MSM 1기, 2기 매독 환자 중에 44.8%는 HIV 양성이었다.

한국에서 매독은 2011년 965명, 2014년 1,015명, 2019년에는 1,753명이 신고되어 증가하는 추세이다. 2019년에 신고된 매독 중 남성은 1,276명(72.9%), 여성은 474명(27.1%)이었고, 20-40대가 1,281명(73.2%)으로 가장 많았다.[16] 1999-2003년 서울대병원에 내원한 HIV 감염인을 대상으로 조사했을 때, 동성애자에서 이성애자보다 매독 발생률이 4.3배 높았다.[17] 2008년 '위험인구 집단에서 성병 유병율 조사 연구' 결과, 동성애자 중 20.4%는 매독 양성이었다.[18] 또한, 2019에 발표된 2008-2016년 국내 건강보험 청구자료를 사용한 연구[19]에서 HIV 감염인 9393명 중 48.3%(4536명)가 매독 동시 감염으로 진단되었으며, 매독 동시 감염자의 94.3%가 남성이었다.

---

14 https://stacks.cdc.gov/view/cdc/125947, Sexually transmitted disease surveillance 2020 : national overview,
15 https://www.cdc.gov/std/statistics/2022/2021-STD-Surveillance-Report-PDF_ARCHIVED-2-16-24.pdf
16 https://stiguide.kr/wp-content/uploads/2023/04/Korean_STI_Guidelines_2023.pdf
17 국내 HIV 감염자에서 매독 환자 급증, https://koreascience.kr/article/JAKO200472338988000.pdf
18 위험인구 집단에서 성병 유병률 조사 조사 연구, 질병관리본부, 2008년
19 Association of HIV-syphilis coinfection with optimal antiretroviral adherence: a nation-wide claims study, AIDS Care. 2020 May;32(5):651-655

다. 임질

유럽에서 2022년 70,881건의 임질이 보고되었으며, 2021년 대비 48%, 2018년 대비 59% 증가했고 2009년 이후 가장 높은 수치이다. 59%가 20-34세 젊은 층에서 발생했고, 남녀 성비는 4.2:1이었으며 60%가 MSM이었다.[20]

미국에서 2021년 710,151건의 임질이 보고되었고, 2009년 대비 118%, 2020년 대비 4.6% 증가했다. 2013년부터 여성에 비해 남성의 발병률이 높아지고 있으며, 이는 남성 동성애자와 양성애자, 남성 이성애자의 감염이 더 증가하고 있기 때문이다. 2021년 임질 환자 중 MSM이 35.5%로 가장 많은 비율을 차지했다.[21]

라. HPV (인유두종바이러스, human papilloma virus) 관련 항문암

미국 CDC에 따르면 동성애자에서 일반인구에 비해 항문암이 발생할 확률이 17배 높다. 일반적으로, 일반인구에 비해 HIV 감염인에게 항문암 발생률이 25-30배 높다고 보고되고 있다. 특히, HIV에 감염된 동성애자의 경우에는 항문암 발생 위험이 더 높다. 영국의 보고

---

20 https://www.ecdc.europa.eu/sites/default/files/documents/GONO_AER_2022_Report%20FINAL.pdf
21 각주 73

에 따르면 동성애자에서 항문암이 증가하고 있는데, 그들 중 90% 이상이 HPV에 감염되어 있었고, 특히 에이즈에 동반 감염되어 있는 경우에는 항문암 발생이 더욱 높다고 하였다.

캐나다, 미국, 덴마크, 프랑스, 네덜란드, 영국, 호주 등 고소득 7개국에서 1988-1992년과 비교하여 2008-2012년에 항문암이 전반적으로 증가하였다. 특히 HPV에 의해 발생하는 편평세포암종의 발생률이 60세 이하 군에서 2.34배 증가하였고, 남자가 여자보다 2.76배 많았다. 이는 성생활을 시작하는 나이가 어려지고, 성 파트너 수가 많아지고, 동성 및 이성 간 성관계 시 항문성교를 하는 사람이 많아지는 등의 성생활의 문란화로 인해 HPV 노출 기회가 증가되고 HPV 감염자가 많아졌기 때문이다.[22]

2011-2016년 미국 남성에서 진단된 항문암을 대상으로 조사한 연구에 따르면, MSM이 30세 미만의 항문암 환자 중 97.7% (HIV 감염자 97.6% + HIV 미감염자 0.1%), 30-44세 환자 중에서는 80.3% (HIV 감염자 76.1% + HIV 미감염자 4.2%)를 차지하였다. 즉 미국의 44세 이하의 젊은 남성에서 진단되는 HPV 관련 항문암은 거의 MSM에서 발생했다.[23]

---

22 Anal cancer in high-income countries: Increasing burden of disease. PLoS One. 2018;19;13(10):e0205105
23 Human Papillomavirus-Associated Anal Cancer Incidence and Burden Among US Men, According to Sexual Orientation, Human Immunodeficiency Virus Status, and Age, Clin Infect Dis. 2023 Aug 1; 77(3): 419-424.

마. A형 간염

A형 간염은 감염된 개인과 대변-구강 접촉 또는 오염된 물이나 음식의 섭취를 통하여 발생한다. 대부분의 선진국에서는 고위험군에서 사람 간 전염을 통해 발생하는데 주로 국제 여행객, MSM, 약물주사 사용자, 노숙자가 해당된다. MSM들 사이에서 A형 간염이 유럽, 미국, 호주를 포함한 선진국에서 매우 빈번해졌으며, 현재는 쉬겔라증과 살모넬라증과 함께 성병으로 인식되고 있다. 위험 요소는 구강-항문 및 손가락-항문 성교, 여러 파트너와의 성관계, 다른 성병 감염, 데이트 앱 사용, 게이 사우나 및 클럽 방문 등이다. 암스테르담에서 열린 유로프라이드 페스티벌(유럽 퀴어 축제) 이후 2016년 6월부터 2017년 5월까지 MSM 사이에 대규모로 발생하여 22개 유럽 국가에서 4000건 이상이 확진되었다. 동성애자 커뮤니티 사이에서 동일한 유전자형의 바이러스가 전 세계적으로 확산되는 것이 관찰되었고, 국제적 네트워크 및 여행을 통해 바이러스가 전파되고 있음을 알 수 있었다.[24] 이에 세계보건기구(WHO)는 미국과 유럽에서 매년 열리는 동성애자 축제가 A형 간염의 확산에 기여할 수 있다고 경고하였다.[25]

24　Hepatitis A: Epidemiology, High-Risk Groups, Prevention and Research on Antiviral Treatment, Viruses. 2021 Sep 22;13(10):1900.
25　https://www.goodnews1.com/news/articleView.html?idxno=74621, WHO "게이 퍼레이드, A형 간염 확산시킬 수 있다"

지난 20년 동안 유럽 국가에서 A형 간염의 전파 패턴이 변화하여 사람 간 전파(특히 성적 접촉)가 증가했고, 위험군은 여행자와 어린이에서 MSM과 노령층으로 비율이 바뀌었다. A형 간염에 대한 효율적인 백신이 있음에도 불구하고 지난 10년 동안 발병 건수와 규모가 증가했으며, 이는 유럽 전역에서 백신 접종이 지속적으로 권장되는 인구에서도 증가했다.[26]

바. 엠폭스(MPOX)

엠폭스는 원숭이두창 바이러스(Monkeypox virus)에 감염되어 발생하는 급성 발진성 감염병으로, 이전에는 중앙 및 서부 아프리카의 열대우림지역에서 주로 발생하는 풍토병이었다. 동물에서 유래하지만 지난 50년 동안 인체감염이 산발적으로 보고되었다. 전에는 지속적인 사람 간 전염이 가능하다고 생각하지 않았으나, 2022년 5월부터 유럽의 여러 국가에서 동물 및 풍토병 지역과 관련 없는 대규모 엠폭스 전염이 유행하여 환자가 증가하고 발생 지역이 확대되었다. 엠폭스는 피부 접촉과 키스 그리고 구강, 질 및 항문 성교를 통해 사람 간 전파가 이루어졌다. 현재 발병 국가에서 엠폭스 진단자의 대부분은 게이, 양

---

26 Hepatitis A occurrence and outbreaks in Europe over the past two decades: A systematic review, J Viral Hepat. 2023 Jun;30(6):497-511.

성애자 및 MSM이다.[27]

2022년 8월 NEW ENGLAND JOURNAL of MEDICINE에 발표된 논문에 따르면 2022년 5월 이후 발생한 엠폭스 대유행은 이전 아프리카에서 유행하던 원숭이두창과는 다른 임상 양상을 보이는데, 엠폭스 감염자 582명 중 527명이 남자였고, 96%(509명)는 남성 동성애자, 2%(10명)는 양성애자였으며, 발진 양상 또한 성기, 항문, 구강 등에 집중되는 모습을 보인다. 또한 연구에 포함된 528명 중 41%인 218명이 HIV 감염인이었다. 감염경로는 밀접한 성 접촉이 95%에 달하며, 지난 3개월 간 평균 성 파트너 수가 5명(3-15명)이었다. 감염자의 90%가 유럽을 방문하였고, 반수 이상이 1개월 이내에 대규모 게이 축제(Pride events) 혹은 sex-on-site venues(성관계를 갖기 위한 장소로 게이 사우나, 섹스 클럽 등) 방문하였거나 켐섹스에 참여하였다.[28]

국내에서는 2022년 6월 22일에 첫 엠폭스 확진자가 발생하였는데 유럽을 방문하고 입국한 30대 남자로 양성애자였다. 세 번째 확진자까지는 해외 방문 후 입국한 내국인이었고 2024년 7월 31일까지 총 165명이 보고되었다(국내 감염 154명, 국외 감염 11명). 성별은 남자가 162명(98.2%), 여자는 3명이었고 연령별로는 30-39세 80명(48.5%), 20-29세 55명(33.3%), 40-49세 21명(12.7%) 순으로 많았다.[29] 국내

---

27 https://www.who.int/europe/emergencies/situations/monkeypox
28 Monkeypox Virus Infection in Humans across 16 Countries – April-June 2022, N Engl J Med. 2022 Aug 25;387(8):679-691

엠폭스의 절대 다수가 젊은 남성에서 발생함에도 불구하고, 질병관리청은 엠폭스의 감염경로를 모호하게 밀접한 피부 또는 성 접촉이라고 발표하여, 남성 간 성접촉이 엠폭스의 주된 경로임을 명확하게 밝히지 않고 있다는 비판을 받는다.[30]

사. 게이 장 증후군(gay bowel syndrome)

1976년에 Kazal 등이 게이 장 증후군(gay bowel syndrome)을 보고한 바 있었다. 이는 게이들에서 비정상적인 빈도로 발생하는 항문, 직장 및 결장 질환의 임상적 형태이다. 여기에는 콘딜로마, 치핵, 비특이적 직장염, 치루, 항문 직장 주위 농양, 치열, 아메바증, 양성 용종, 바이러스 간염, 임질, 매독, 항문직장 손상 및 이물, 세균성 이질, 직장 궤양, 성병성 림프육아종이 포함된다. 게이 장 증후군의 원인은 항문성교, 구강성교 그리고 구강-항문 접촉 등으로 인한 감염이다. 현재 이 용어는 동성애 운동가와 학계가 임상적으로 부정확하고 편견적이라고 비판함에 따라 사용되지 않고 있다.[31]

---

29 https://www.kdca.go.kr/contents.es?mid=a20108090000, 질병관리청, 국내 엠폭스 확진 환자 특성
30 https://www.donga.com/news/It/article/all/20230523/119435465/1, [전문가 칼럼] 질병청, 엠폭스 감염 경로 명확히 밝혀야
31 https://en.wikipedia.org/wiki/Gay_bowel_syndrome

5

동성애자의 일반적인 건강 문제

　세계에서 가장 크고 오래된 LGBTQ+ 의료 전문가 협회인 GLMA:Health Professionals Advancing LGBTQ+ Equality(이전 명칭 Gay & Lesbian Medical Association)는 게이와 레즈비언 그리고 양성애자들은 자신들의 건강 문제에 대하여 인식하고 주치의 또는 의료 제공자와 논의가 필요한 10가지 사항들을 알려주고 있다.[32] 요약하면 다음과 같다.

- 게이와 양성애자의 경우 HIV/AIDS, 간염(A형, B형, C형), HPV(항문 및 생식기 사마귀, 항문암)와 기타 성병(매독, 임질, 클

---

32 https://www.glma.org/resources.php

라미디아)의 위험이 높기 때문에 예방, 진단, 치료에 대해서 논의해야 한다. 레즈비언도 이성애 여성과 동일한 성병의 위험이 있으므로 주의가 필요하다.

- 약물(마약), 알코올, 담배의 사용이 일반인구보다 높기 때문에 이와 관련된 질환(심혈관질환, 폐질환, 폐암 등)이 발생할 가능성에 대해서 관리를 받아야 한다.
- 게이, 양성애자에게 신체 이미지 문제가 더 흔하고 폭식증이나 거식증과 같은 섭식 장애를 경험할 가능성이 높으므로 적절한 식단 조절과 운동이 필요하다.
- 우울증과 불안증을 경험하는 비율이 높고 특히, 청소년과 젊은 성인은 자살 위험이 높으므로 의료 제공자와 정신건강에 대해 논의하는 것이 좋다.
- 고정관념과 다르게 일부 레즈비언은 친밀한 관계에서 폭력을 경험한다.
- 전립선암, 고환암, 대장암, 유방암, 자궁경부암에 대하여 일반 대중에게 권장되는 것과 같이 정기적인 검진을 받아야 한다.

6

HIV/AIDS의 정의, 감염경로, 고위험군

가. HIV/AIDS의 정의

에이즈는 후천성면역결핍증(AIDS, Acquired Immune Deficiency Syndrome)의 약자이며, 인체의 면역체계를 파괴시키는 HIV(Human Immunodeficiency Virus)에 의한 바이러스성 감염질환으로 HIV 감염인과 AIDS 환자로 구별한다.

- HIV 감염인: 체내에 HIV를 보유하고 있는 사람으로서 건강해 보이나 타인에게 전파력이 있으며 AIDS 환자로 이행되기 이전 단계에 있는 사람
- AIDS 환자: HIV 감염된 후 세포면역기능의 결함으로 인해

AIDS 판정 기준에 속하는 특정한 기회감염에 따른 질환이 발생한 사람 또는 CD4+ T 세포 수가 200/mm³ 미만으로 감소된 자

나. HIV/AIDS의 감염경로

HIV는 감염인의 모든 체액에 존재하며 특히 혈액, 정액, 질 분비물, 모유에 많다. 감염경로는 성접촉, 혈액 및 혈액제제 투여, 주사기나 면도기 공용, 산모에서 신생아로 수직 감염, 의료인의 의료 처치 시 노출되는 경우이다. 이 중 가장 흔한 경로는 성접촉이며 항문성교는 다른 형태의 성행위보다 훨씬 감염될 확률이 높은 가장 위험한 성행위이다.

HIV 감염인과 한 번의 수용성 항문성교(항문으로 삽입을 받는 경우)를 했을 때 감염될 확률은 1.38%로, 수용성 질성교(0.08%)와 비교하면 17.4배 높다.[33] 미국 CDC는 급성기 상태의 HIV 감염인과 수용성 항문성교를 한다면 동반된 성병과 콘돔 착용 여부에 따라 전염 확률이 2.8%에서 70.3%까지 이른다고 밝히고 있다.[34]

---

33 https://kdca.go.kr/contents.es?mid=a20301070602, HIV/AIDS 감염경로, 질병관리청
34 https://hivrisk.cdc.gov/risk-estimator-tool/#-sb, Estimate the HIV Risk, CDC

다. HIV/AIDS의 고위험군

    2021년 UNAIDS 발표에 의하면 HIV 감염 위험도가 일반인구와 비교하여 남성 동성애자는 28배, 트랜스젠더 여성은 14배, 마약주사 사용자는 35배, 성매매 종사자는 30배 더 높다. 이들은 HIV 감염의 고위험군(key populations)으로서 전 세계 인구의 5% 미만밖에 되지 않지만 이들과 이들의 성 파트너가 2021년 전 세계 HIV 신규 진단의 70%를 차지한다. HIV가 만연한 일부 아프리카 지역을 제외하면 고위험군과 그들의 성 파트너가 94%를 차지하고, 남성 동성애자가 41%로 가장 많다.[35] 미국에서 남성 동성애자의 추정 평생 HIV 감염 위험은 1/6인 반면, 이성애 남성은 1/524, 이성애 여성은 1/253이다.[36]

    이 외에 성병(특히, 매독과 같이 생식기 궤양을 동반하는 경우) 감염자, 교정시설 수감자, 파트너가 HIV에 감염된 사람들, 낙후된 의료 환경에 노출된 사람들, HIV 양성인 산모의 신생아 등이 HIV 감염의 위험도가 높다.

---

35 UNAIDS Global AIDS Update 2022, p. 17.
36 https://www.cdc.gov/std/treatment-guidelines/msm.htm

7 동성애와 HIV/AIDS

위에서 언급했듯이 HIV 감염에 노출될 가능성이 가장 많은 위험군은 남성 동성애자들이며 감염 확률이 높은 성행위는 수용성 항문성교이다. 이 2가지 사실만으로도 동성애는 HIV/AIDS와 매우 깊은 연관성이 있다고 할 수 있다. 또한 여러 나라의 HIV 신규 감염자의 성별, 감염경로, 연령에 대한 통계도 동성애와 HIV 감염의 관련성을 뒷받침한다.

미국은 2019년 HIV 신규 진단의 82%가 남성(남녀 성비 4:1)이고, 이들 중 81%가 남성 간 성접촉으로 감염되었다. 연령별로 25-34세 35.7%, 13-24세 20.9%, 35-44세 19.5%로 젊은 층이 많았다.

ECDC(유럽 CDC) 보고에 따르면 EU/EEA 국가 2019년 HIV 신규 진단의 전체 남녀 성비는 3.1:1이었다. 남성 간 성 접촉이 가장 흔한

HIV 감염경로로 50.6%였고, 10개 국가(크로아티아, 체코, 독일, 헝가리, 아이슬란드, 네덜란드, 폴란드, 슬로바키아, 슬로베니아, 스페인)에서는 60% 이상이었다. 크로아티아와 헝가리는 남녀 성비가 각각 19.1:1, 13:1로 가장 높았고 남성 간 성접촉의 비율도 80% 이상으로 가장 높았다. 연령은 25-29세의 발병률(10만명당 12명)이 가장 높았고, MSM 그룹에서 평균 연령이 36.4세로 가장 낮았다.

우리나라는 질병관리청 HIV/AIDS 신고현황연보에 따르면, 2022년에 HIV 신규 진단 중 92.3%가 남자였고, 20-30대가 전체의 66.4%였다. 감염경로 응답자 중 99%가 성접촉으로 인한 감염이었고, 성접촉으로 응답한 남성(560명) 중 62.1%는 동성 간 성접촉이라고 밝혀 대부분 젊은 남성 동애자들에서 감염되고 있음을 알 수 있다. 1985년부터 2022년까지 누적 감염자 중 남성 비율이 93.6%(17,728명/19,001명), 감염경로는 99.5%가 성접촉으로 거의 전부 남성이고 성접촉에 의해 감염되었다. 같은 기간 성접촉에 의한 감염자 중 동성 간 성접촉이 44.6%로 보고되었지만, 실상은 더 많은 비율로 남성 동성애자들 사이에서 감염이 발생하며 남성 간 성접촉이 우리나라의 HIV 전파에서 주도적 역할을 하는 것으로 보인다.[37]

또한 한 연구에 따르면 전 세계적으로 HIV 발생률이 감소하고 있는 반면에 미국을 포함한 고소득 국가뿐만 아니라 저소득 국가에서

37　Epidemiology of HIV/AIDS-Current Status, Trend and Prospect, J Korean Med Assoc 2007; 50(4): 296-302

도 MSM의 HIV 발병률이 특히 15-29세의 젊은 MSM들에서 증가하고 있다고 하였다. HIV 팬데믹이 둔화되고 있는 상황에서도 MSM 사이에서 HIV 발병률이 지속되는 이유를 다음과 같이 설명했다.[38]

- 항레트로바이러스 치료(ART)와 온라인 시대 전후의 변화
  고강도항레트로바이러스요법(HAART, highly active antiretroviral therapy)이 도입되기 전에는 에이즈 사망률이 높았기 때문에 게이 커뮤니티에서 큰 두려움을 느끼고, MSM의 절대 숫자와 MSM 간의 접촉률이 감소하고 콘돔 사용이 증가하면서 전염 가능성이 줄어 들었다. HAART 확대 후 사망률이 감소되고 만성질환으로 여겨지면서 새로운 MSM 집단은 HIV가 더 이상 사형 선고가 아닌 시기에 성인이 되었고, 죽음에 대한 두려움이 없어져 콘돔 없는 항문성교가 다시 늘어났다, 또한 인터넷과 SNS의 발달로 다수의 성 파트너와 쉽게 접근이 가능해졌다. 결과적으로 MSM 간의 접촉률과 콘돔 미사용의 증가하고 MSM의 HIV 발생률 증가로 이어졌다.

- 개인적 행동 요인 (individual level)
- 콘돔을 사용하지 않는 삽입 및 수용성 항문성교

---

38 HIV incidence among gay men and other men who have sex with men in 2020: where is the epidemic heading?, Sex Health. 2017 Feb;14(1):5-17.

- 즉석 및 일회성 남성 파트너의 높은 빈도
- 약물 사용(켐섹스, 성관계 전과 성관계 중에 암페타민, 엑스터시, 코카인 등의 마약 사용)
- 저소득 및 고소득 국가 모두에서 MSM 사이에 온라인 섹스 추구의 증가
- 다른 성병이 동반된 경우 HIV 전파 및 감염의 확률 증가

• 집단적 요인 (network level)
네트워크 수준에서 수용성 항문성교을 통한 행위당 및 파트너당 HIV 전염 확률이 질성교나 음경성교와 비교할 때 훨씬 높다. MSM 네트워크 내에서 남성은 성교 중에 삽입 역할(top)이나 수용 역할(bottom)을 할 수 있다. 즉, HIV에 높은 확률로 감염된 다음 높은 확률로 전염시킬 수 있다. 항문성교 중 높은 HIV 전파율을 가진 다양한 성적 역할은 개인과 커플 그리고 네트워크 내에서 HIV 전염 위험을 높인다.

• 공동체 및 정책적 요인
- 젊은 MSM은 HIV 검사에 덜 참여하고 감염 사실을 모르는 경우가 많아 다른 사람에게 전염시킬 가능성이 더 높다. 급성기 감염 상태라면 네크워크 내에서 HIV 전파가 더 높은 확률로 일어날 수 있다.
- 고소득 국가에서는 HIV 치료가 향상되어 많은 MSM과 특히 젊

은 세대들이 HIV를 덜 위험하다고 생각하고 예방에 대한 지식이 부족하거나 참여하지 않을 수 있다.
- 구조적 요인 때문에 청소년 MSM에 대한 교육, 검사, 치료, 연구에 제한이 있을 수 있다.
- MSM에 대한 다양한 낙인으로 인하여 HIV 예방, 치료, 관리 서비스의 제공과 활용이 제한될 수 있다.

8 동성애자와 HIV/AIDS의 수명

가. 동성애자의 수명

2023년에 발표된 연구에서 미국 50세 이상의 성소수자(9,110명)와 일반인(67,420명)의 허약 지수(frailty index)를 비교한 결과, 성소수자는 일반인에 비해 건강이 더 허약하고 사망 위험이 증가하였다. 허약 지수를 평가하였을 때, 일반인 중 50%, 성소수자 중 41%는 건장(robust)하였고 일반인의 19%와 성소수자의 26%는 허약(frail)했다. 건장한 일반인에 비해 허약한 일반인은 사망 위험도가 3.96배 높았고, 허약한 성소수자는 건장한 성소수자와 비교하여 사망 위험도가 6.4배 더 높았다.[39]

2005년 Cameron 등은 덴마크와 노르웨이에서 합법적으로 결혼한 동성애자들의 평균 수명이 전통적인 결혼 생활을 하는 사람들보다 24년 짧다고 발표하였다.[40] 2009년 덴마크에서 발표된 논문에서도 동성과 결혼한 남성과 여성의 사망률이 일반인구보다 높은 것으로 나타났다. 덴마크에서 1989-2004년 사이에 동성과 결혼한 남성 4,914명과 동성과 결혼한 여성 3,419명의 사망률을 조사한 결과, 남성의 경우 일반 남성인구보다 사망률이 1.78배 높았고 여성의 경우 일반 여성인구보다 1.34배 높았다. 남성에서는 1989년부터 1995년 사이에 동성과 결혼한 남성의 사망률이 일반인구의 2.25배, 1995년 이후에 결혼한 남성의 경우는 1.33배로 효율적인 에이즈 치료 도입 전후로 차이가 있었다.[41]

2001년부터 2011년까지 미국 18-59세 성인 15,564명을 대상으로 성적지향과 사망률을 평가한 연구에서는 레즈비언 또는 게이가 228명, 양성애자 345명, 동성애 경험자 470명, 이성애자 14,521명이었고, 성소수자의 전체 사망률이 이성애자보다 2배 높았다. 성소수자는 전반적으로 이성애자보다 흡연, 폭음, 정신적 문제, 비만의 비율이 높았고, 남성 동성애자들의 경우 HIV 감염률이 높았다.[42]

39　Frailty Among Sexual and Gender Minority Older Adults: The All of Us Database, J Gerontol A Biol Sci Med Sci. 2023 Nov; 78(11): 2111-2118.
40　https://www.lifesitenews.com/news/expert-research-finds-homosexuality-more-dangerous-than-smoking/
41　Mortality Among Men and Women in Same-Sex Marriage: A National Cohort Study of 8333 Danes, Am J Public Health. 2009 Jan;99(1):133-7
42　Sexual Orientation and All-Cause Mortality Among US Adults Aged 18 to 59 Years, 2001-2011, Am J Public Health. 2016 May;106(5):918-20

나. HIV 감염인/AIDS 환자의 수명

고강도 항레트로바이러스요법(highly active antiretroviral therapy, HAART)의 발전으로 치료만 잘 받으면 에이즈는 관리가 가능한 만성질환으로 인식되어 가고 있다. 그러나 HAART가 시작된 1996년 이후에도 HIV 감염자는 일반인구보다 사망률이 여전히 높고 사망 시 평균 연령도 젊다.

2022년에 발표된 국내 연구[43]에 의하면 2004년부터 2018년 사이에 진단된 HIV 감염자의 사망 시 평균 연령은 54.5세로 한국인의 2021년도 기대 수명 83.6세와 비교하면 29.1년이나 짧았고, 일반인구보다 사망률이 5-6배 높은 것으로 나타났다.

2017년 영국에서 발표된 연구에서 1997년부터 2012년 사이에 진단된 HIV 감염자의 사망률은 일반인구보다 5.7배 높았고 사망 시 평균 연령은 43세였다.[44]

2020년 일본 연구는 2005-2014년 HIV 진단자의 사망률이 일반인구보다 6배 높았고 조기 진단된 경우에도 4배 높다고 하였다.[45]

---

43 Mortality and Causes of Death among Individuals Diagnosed with Human Immunodeficiency totaled in13.7Virus in Korea, 2004-2018: An Analysis of a Nationwide Population-Based Claims Database, Int J Environ Res Public Health. 2022 Sep 18;19(18):11788.
44 Mortality and causes of death in people diagnosed with HIV in the era of highly active antiretroviral therapy compared with the general population: an analysis of a national observational cohort, Lancet Public Health. 2017 Jan;2(1):e35-e46.
45 Mortality and causes of death in people living with HIV in the era of combination antiretroviral therapy compared with the general population in Japan, AIDS. 2020 May 1;34(6):913-921.

2020년 스페인 연구에서는 1999-2003년에 진단된 HIV 감염자의 사망률은 일반인구보다 20.4배 더 높았고 2014년-2018년에도 여전히 7.4배 더 높았으며, 2009-2018년 HIV 감염자의 경우 8.1배 더 높았다.[46]

2021년 미국 연구에 따르면 1999년부터 2017년 사이에 HIV 치료를 받는 사람들의 5년 사망률은 매칭된 미국 인구와 비교하여 3.7배 높았다.[47] 또한 2022년 6월 미국 UCLA 의대 연구팀은 HIV 감염 자체가 노화를 촉진하고, 그 결과 수명이 5년 가량 단축된다는 연구 결과를 발표하기도 하였다.[48]

여전히 에이즈의 사망률이 높고 수명이 짧은 이유는 HIV 감염의 특성상 잠복기가 길어 늦게 진단되는 경우가 많고, 진단 시 나이가 대부분 20-30대로 젊기 때문이다. 국내 연구에 따르면 HIV 감염 시점부터 진단까지 걸리는 시간은 약 7년이고 미진단율은 약 40%이다.[49] 우리나라 HIV 감염인 중에는 10대에 감염되었으나 모르고 지내다가

---

[46] Trends and causes of mortality in a population-based cohort of HIV-infected adults in Spain: comparison with the general population, Sci Rep. 2020 Jun 2;10(1):8922.
[47] Mortality Among Persons Entering HIV Care Compared With the General U.S. Population : An Observational Study, Ann Intern Med. 2021 Sep;174(9):1197-1206.
[48] Accelerated aging with HIV begins at the time of initial HIV infection, iScience. 2022 Jun 30;25(7):104488
[49] Estimation of the Number of HIV Infections and Time to Diagnosis in the Korea, J Korean Med Sci. 2020 Feb 17;35(6):e41.

병이 많이 진행된 후에 진단받는 경우도 많을 것이다. 진단이 늦어지면 치료를 잘 받아도 성공률과 생존율은 낮아질 수밖에 없다. 진단이 늦어져 치료를 받지 못하거나 치료 효과가 떨어진다면 타인에게 전파될 가능성도 높아진다. 일반적으로 HIV의 기초감염재생산수는 2-5로 추정한다. 즉, HIV 감염을 방치하면 1명의 감염자가 1년에 평균적으로 2명에서 5명에게 바이러스를 전파할 수 있다.

9

HIV/AIDS 치료비에 대한 국가 부담

　우리나라는 1985년에 첫 HIV 감염자 발생하였고 신규 진단자 수가 1995년에 114명을 기록한 이후부터 급격히 증가하여 2019년에 가장 많은 1,223명이 진단되었다. 2020년과 2021년에는 각각 1,016명, 975명으로 코로나19 영향으로 신규 진단 수가 감소했다가 2022년에 1,066명으로 다시 증가하였다. 이처럼 우리나라는 전 세계적인 추세와 달리 HIV 신규 감염이 증가하고 있으며, 그 결과 2022년까지 내국인 누적 감염은 19,001명, 누적 생존인은 15,880명으로 2000년과 비교하여 각각 14.8배, 16배 증가하였다. 생존 감염인의 증가는 치료제의 발달 이후 HIV 감염인의 평균 수명이 많이 늘어났기 때문이기도 하다.

　에이즈는 희귀난치성 질환으로 분류돼 국민건강보험공단에서

90%를 지원하며, 10% 본인부담금은 국가·지방자치단체 예산으로 지원돼 비급여를 제외하고 전액 무료로 치료받는다. HIV 누적 감염자가 급격히 증가하는 만큼 치료비에 대한 국가적인 부담도 이와 비례하여 늘어날 수 밖에 없다.

2019년 당시 질병관리본부가 발표한 '후천성면역결핍증 예방관리대책'을 보면 HIV 감염인 1인당 평균 의료비용이 연간 1천만원이며, 2018년 생존 감염인 12,991명 기준 1,230억원의 비용이 발생하는데 이는 2010년 생존 감염인 6,290명의 2배 수준이다.

2018년 국정감사 자료에 의하면 HIV 감염인 1인당 연간 진료비는 2006년 680만원에서 2017년 1천만원으로 증가하였고, 전체 진료비 지원은 2011년 508억원에서 2017년 1,154억원으로 2.3배 늘어났다.[50] 2022년에는 1,314억원이 지원됐다.[51]

또한 국내 모든 감염병에 대한 진료비의 증가 추세를 조사한 논문에 따르면, 2009년부터 2019년까지 전체 감염병의 진료비는 1.6배 증가한 것에 비하여 에이즈 진료비는 3.8배 증가하였고, 2019년에 환자 1인당 진료비가 모든 감염병의 경우 평균 23만원이었으나 에이즈는 850만원으로 조사되었다(2009년과 2019년의 평균 환율 기준, 1달러=1,136.7원).[52] 이는 다른 감염병에 비해 에이즈는 치료제가 비싸고, 평

---

50 https://medifonews.com/news/article.html?no=141132, 전액 무료인 '에이즈' 치료, 지난해만 1,154억 원 지원
51 https://www.kmib.co.kr/article/view.asp?arcid=0018748879, [단독] 10년간 에이즈 치료비 107% 급증...차금법 통과되면 혈세부담 눈덩이 우려
52 Increasing trends in mortality and costs of infectious diseases in Korea: trends in mortality and costs of infectious diseases, Epidemiol Health. 2022:44:e2022010.

생 정기적인 검사와 함께 약을 복용해야 하며, 동반된 합병증에 대한 치료까지 포함되기 때문일 것이다.

미국의 경우 2018년에 발생한 새로운 성병으로 인한 평생 직접 의료비는 총 160억 달러이고, 이 중 137억 달러가 HIV/AIDS 치료에 쓰인다. 2018년 미국에서 성병에 새로 감염된 사람은 2,600만명이었는데 이 중에 새로운 HIV 감염인은 32,600명이었다.[53] HIV 감염인 1인당 평생 의료비가 42만 달러인 셈이다.

---

53 https://www.cdc.gov/nchhstp-newsroom/factsheets/incidence-prevalence-cost-stis-in-us.html

10

에이즈 예방 정책의 문제점과
확실하지 않은 콘돔의 예방 효과

　젠더 이념에 빠진 교육과 문화 그리고 성적 자유와 쾌락을 추구하는 흐름 속에서 어린 세대들이 성 정체성에 혼란을 느낄 수 있고, 무분별하고 문란한 성행동을 쉽게 범할 수 있다. 이른 나이의 성적 경험, 파트너가 많은 문란한 성생활과 인체의 해부학적 구조와 기능을 거스르는 성행위는 이성애자나 동성애자나 모두 각종 성병과 질병에 더 많이 노출될 수밖에 없다.

　동성애적 행동, 특히 항문성교로 특징되는 남성 간 성행위로 인해 발생할 수 있는 가장 큰 위험은 에이즈다. 에이즈는 아직 완치 불가능하다. 단지 강력한 약물로 병의 진행 속도를 늦출 수 있을 뿐이다. 위험한 선택과 행동을 통해 에이즈에 걸리면 평생 치료제를 먹어야 하고 약물부작용이나 합병증으로 인한 고통을 경험하고 수명이 단축된다. 개인적인 고통뿐만 아니라 에이즈는 전염성 질환이기 때문에 타인의 건강에 해를 끼칠 수 있으며, 막대한 치료비 및 예방관리 비용과 인적 손실 등으로 인해 사회경제적 부담도 커지고 있다.

따라서 에이즈는 예방이 가장 중요하다. 이를 위해 전 세계적으로 많은 노력과 재정이 투입되고 있으며, 우리나라 역시 그러하다. 그러나 앞서 언급된 정보들을 사실대로 정확히 알려서 에이즈에 대한 경각심을 높이고 위험한 행동을 삼가도록 홍보하고 교육하는 내용은 거의 찾아보기 힘들다. 주로 HIV/AIDS라는 질병에 대한 부정적 인식을 없애고, 조기에 진단하고 치료를 지원하고, 콘돔 사용률을 높이는 데 치중하고 있다. 이는 질병 발생을 사전에 방지하고 해로운 환경 요인이나 습관을 조절하는 1차 예방은 뒤로하고, 이미 발생한 질병을 조기에 진단하는 2차 예방과 적극적인 치료로 질병이 끼칠 해악을 최소화하는 3차 예방에만 집중하는 것이다.

에이즈와 성병을 예방할 수 있는 방법 중에 쉽고 효과적으로 사용할 수 있는 것이 콘돔이고, 콘돔 사용은 1차 예방법이라고 할 수 있다. 하지만 콘돔의 성병 예방 효과는 불확실하며 실제 사용률도 낮다.[54] 남성 HIV 감염인과 항문성교를 하는 남성을 대상으로 한 연구에서 항상 바르게 콘돔을 사용했을 경우 HIV 감염이 70% 예방된다고 하였다. 이 연구에서 MSM 중에 16%만이 일관되게 콘돔을 사용하는 것으로 나타났다.[55] MSM을 대상으로 연구한 또 다른 논문들에서는

---

54 HIV 감염 예방의 최신 지견, 대한내과학회지: 제90권 제6호 2016

모든 성관계 시에 항상 콘돔을 바르게 사용했을 때 콘돔의 예방 효과는 48.8%[56], 63%[57], 91%[58]였다. HIV 불일치 이성 커플 연구에서는 항상 콘돔을 사용할 경우 전염이 70% 감소하였다.[59]

또한 콘돔으로 매독, HPV, HSV, 사면발니 등의 일부 성병은 막기 어렵다.[60] 이러한 성병은 콘돔으로 덮이지 않는 항문 주위나 생식기 주변 피부에도 잘 발생하기 때문이다. 매독, HPV, HSV 감염은 피부에 궤양, 수포, 종물 등의 병변을 일으키고 HIV/AIDS와 잘 동반되는 성병이다. 동반된 성병이 있는 HIV 감염인과 성교 시 HIV 전염의 확률은 더욱 높아진다.

콘돔 사용이 가장 효과가 좋은 예방법인 것처럼 홍보하고 교육하는 것이 우리나라의 HIV 예방 정책이고 성교육의 현실이다. 그러나 우리나라보다 개방적인 미국의 CDC는 성병에 걸리지 않는 가장 확실한 방법으로 성관계를 하지 않는 것과 한 사람과만 관계를 맺는 것을 가장 먼저 언급하고 있다. 그다음 콘돔 사용과 백신 접종, 검진 등

---

55 Condom effectiveness for HIV prevention by consistency of use among men who have sex with men in the United States, J AcquirImmune DeficSyndr. 2015 Mar 1;68(3):337-44.
56 The Effect of PrEP on HIV Incidence Among Men Who Have Sex With Men in the Context of Condom Use, Treatment as Prevention, and Seroadaptive Practices, J Acquir Immune Defic Syndr 2018;77:31-40.
57 HIV incidence and sexually transmitted disease prevalence associated with condom use: a population study in Rakai, Uganda, AIDS. 2001 Nov 9;15(16):2171-9.
58 Per-partner condom effectiveness against HIV for men who have sex with men, AIDS. 2018 Jul 17;32(11):1499-1505.
59 Condom effectiveness in reducing heterosexual HIV transmission: asystematic review and meta-analysis of studies on HIV serodiscordantcouples, Expert Rev Pharmacoecon Outcomes Res. 2016 Aug;16(4):489-99.
60 성매개감염 진료지침 2판, 2016, 질병관리본부 & 대한요로생식기감염학회

의 방법을 안내한다.[61] 금욕이나 절제같이 고리타분하게 들리는 방법을 왜 첫 번째로 이야기하는가. 사람들이 무시하더라도 그것이 진실이기 때문이다.

폐암의 가장 중요한 발병 요인은 흡연이다. 흔히 쓰는 표현이고 누구도 이의를 제기하지 않는다. 하지만 엄밀히 말하면 폐암의 원인은 담배의 발암물질이고 흡연은 발암물질을 흡입하는 위험 행동이다. 이 때문에 정부에서 "흡연은 질병, 치료는 금연"이라는 캠페인을 했었다.

에이즈의 원인은 HIV 감염이다. HIV 감염의 최대 고위험군은 남성 동성애자들이고, 가장 흔한 감염경로는 동성 간 성행위이다. 동성애로 번역된 'homosexuality'의 의미는 동성 간 성행위이다. 따라서 '에이즈의 가장 중요한 발병 요인은 동성애다'라는 말도 틀렸다고 할 수 없다.

한국기자협회 인권보도준칙에서 '언론은 성적 소수자를 에이즈 등 특정 질환과 연결 짓지 않는다'고 규정하였다. 이는 대중의 눈과 귀를 막는 것이고 속이는 것이다. 의학적 근거를 바탕으로 동성애의 위험성을 알리는 것은 인권침해도, 차별도 아니다. 국민들이 자유롭고 책임감 있게 올바른 결정과 행동을 할 수 있도록 의학적 사실과 정보를 정확하게 전하고 교육해야 한다.

---

61 https://www.cdc.gov/std/prevention/default.htm#print, How You Can Prevent Sexually Transmitted Diseases, CDC

6
미국의 동성결혼 합법화 과정[1]

정소영(미국변호사)

동성애와 동성결혼을 인간사회에서 받아들일 만한 정상적인 삶의 한 형태로 인정하는 것, 그리고 그것을 법과 제도로 뒷받침하려는 이 모든 시도는 결국 하나님을 실제로 받아들이고 그분의 말씀을 삶의 기준으로 삼아야 한다는 믿음인 성경적 세계관과 인간의 선호와 선택이 삶의 기준이 되어야 한다는 인본주의 세계관 간의 거대한 충돌이다.

---

1 미국은 어떻게 동성결혼을 받아들였나-미국법원의 동성결혼 합법화12대 판결_편저 정소영_2016

1
동성결혼 문제의 본질은 무엇인가?

　동성애를 뜻하는 영어단어 '소도미(Sodomy)'는 성경의 소돔과 고모라 사건에서 비롯되었다. 소돔이라는 도시는 물질적으로는 매우 풍요로웠으나 성적, 도덕적 타락이 극에 달하여 하나님의 진노를 샀고, 결국 불로 온 도시가 멸망하게 되었다고 성경에 기록되어 있는데 역사가들은 이들이 저질렀다는 성적 타락의 대표적인 예가 '동성애'라고 추측하고 있다.

　그런데 지금까지 성적일탈이자 자연의 질서를 거스르는 위험한 성행위로써 사회적인 지탄과 금기의 대상이 되었던 동성애가 20세기 서구사회를 중심으로 문화의 중심무대에 당당하게 다시 등장하게 된 현상을 어떻게 설명할 수 있을까?

　이에 대하여 다양한 의견이 있을 수 있으나 근본적인 원인을 살펴

본다면 거대한 세계관의 충돌 현상이라고 말할 수 있을 것이다. 세계관이란 '실제에 대한 믿음'이다. 사람들이 현실(Reality)를 어떻게 인식하고 받아들이고 있는가'에 대한 답변인 것이다. 다시 말해 사람들이 현재 오감으로 감각하고 인지할 수 있는 대상만을 '실제'라고 믿는지, 아니면 그것을 초월한 세계가 있다고 믿고 그 세계 역시 자신의 실제로 받아들이고 있는지에 대한 답변이라는 것이다. 세계관은 믿음이기에 신앙이나 종교라는 말로 바꾸어 써도 큰 문제가 없다.

동성애를 인간의 정상적인 성행위의 범주에 포함시키고, 오히려 옹호, 조장하는 문화가 발생하고 있는 현실은 그 근저에 인간은 동물과 다르지 않고, 인간의 성행동 역시 환경에 따라 변화하며, 현재 존재하는 모든 행동양식은 자연선택에 의해 보존된 것이므로 선하다고 믿는 믿음, 즉 진화론적 인본주의 세계관이 깔려 있기 때문이다.

이에 반대하여 성경적 세계관은 하나님의 존재와 성품을 실제라고 믿는 믿음 위에 기반하고 있다. 인간이란 하나님의 형상으로 지음받은 특별한 존재이며 따라서 인간의 성행위는 하나님께서 정하신 규범인 '한 남자와 한 여자의 결합'인 결혼제도 안에서만 이루어져야 하며 그것만이 아름답고 건강한 사회를 이루는 근간이라고 설명한다.

동성애와 동성결혼을 인간사회에서 받아들일 만한 정상적인 삶의 한 형태로 인정하는 것, 그리고 그것을 법과 제도로 뒷받침하려는 이 모든 시도는 결국 하나님을 실제로 받아들이고 그분의 말씀을 삶의 기준으로 삼아야 한다는 믿음인 성경적 세계관과 인간의 선호와 선택이 삶의 기준이 되어야 한다는 인본주의 세계관 간의 거대한 충돌이다.

2

동성결혼 합법화를 주장하는 근거는 무엇인가?

　1776년에 공표된 미국의 독립선언문은 '모든 사람은 평등하게 태어났으며 창조주는 그들에게 어느 누구에게도 양도할 수 없는 몇 가지 권리를 부여했다. 여기에는 생명과 자유와 행복추구권이 포함된다'고 선언하였다. 이러한 독립선언서의 내용을 바탕으로 미국의 성소수자 단체에서는 독립선언서가 선언하고 있는 자유와 행복추구권이라는 기본권 속에 '자기가 선택한 사람과 결혼할 수 있는 권리'가 포함되어 있다고 주장해 왔다. 그리고 이러한 주장의 근거로 1967년 미연방대법원이 판결한 Loving v. Virginia (러빙 대 버지니아주) 사건을 꼽는다. 이 사건은 당시 흑백 인종 간의 결혼을 금지하던 버지니아주의 법을 어기고 백인 남성(러빙)과 흑인 여성이 결혼하여 처벌받게 되었던 사건이었다.

이에 대하여 미연방대법원은 '결혼은 인간의 존재와 생존에 필수적인 기본권이므로 이러한 기본권을 위반하는 버지니아주의 법은 위헌이며 다른 인종과 결혼할지 말지에 대한 것은 개인의 자유권에 속한 것이지, 주 정부가 간섭할 수 있는 것이 아니다'라는 판결을 내림으로써 결혼에 있어 개인의 자유와 행복추구권을 강조하였다.

이 사건은 미국 흑인 인권운동의 역사상 기념할 만한 사건이 되었지만 이후 이어지는 소송에서 '성적지향'을 근거로 동성결혼을 금지하는 것은 '인종'을 근거로 결혼을 금지하는 것과 마찬가지로 결혼에 대한 개인의 자유권과 행복추구권을 심각하게 훼손하는 것이라는 주장의 근거가 되었다.

3

사생활권 보호의 한계는 어디까지인가?

 동성애와 동성결혼을 정상화 내지 합법화하자는 주장은 주로 개인의 사생활권 보호를 그 근거로 제시한다. 그러나 개인의 사생활권 보호는 무조건적이고 한계가 없는 것이 아니라는 것을 분명하게 명시한 것이 Bower v. Hardwick (보어 대 하드윅) 사건이었다.

 이 사건의 핵심쟁점은 '성인이 상호 합의 하에 사적인 공간에서 벌인 동성간 성행위를 범죄로 규정한 조지아주 형법 (Sec.16-6-2)이 연방수정헌법에 위배되는가?' 하는 것이었다. 이에 대하여 미연방대법원의 결론은 '만약 상호 합의한 성인 간의 자율적인 성행위를 국가가 간섭할 수도 처벌할 수도 없는 사생활권의 범주에 속한다고 인정한다면 집안에서 벌어진 상호 합의한 성관계인 간통, 근친상간, 그리고 기타 다른 성범죄를 기소할 때 어떠한 논리도 댈 수 없을 것'이라고 하면서 개인의 사적인 행위라 할지라도 사회 전체에 유해한 영향을 미친다면 그것은 사생활 보호권의 범위를 넘어서는 행위로써 국가의 간섭이 가능하다고 판결하였다.

그러나 동성간 성행위를 국가가 형법으로 다스리던 전통은 1960년대 초, 일리노이주가 성인 간 상호 합의하에 사적으로 이루어진 성행위를 범죄로 규정하지 않도록 권고한 '미국법학회의 모델 형법(American Law Institute's Model Penal Code)'을 주법으로 채택하면서 서서히 깨어지기 시작했다. 그리고 1986년 보어 사건에 이르러서는 이미 동성애가 '정신과 질환'에 속하지 않는 정상범주의 성행위라고 인정되고 있는 분위기였고 종교적 신념과 전통적 도덕에 바탕을 둔 이와 같은 판결은 시대의 변화에 거스른다는 비판이 연방대법원 내에서조차 강력하게 제기될 만큼 청교도가 세운 미국이란 나라가 급속한 세속화의 길로 접어들고 있었다.

4

종교의 자유와 동성결혼은 동시에 보장될 수 있는가?

　1996년 Baehr v. Mike (베이어 대 마이크) 사건은 하와이에서 동성결혼 합법화를 시도한 3명의 동성커플이 혼인관계증명서를 발급해 달라고 요청하는 소송에서 비롯되었다. 이 소송에서 하와이주 대법원은 동성커플에게 혼인관계증명서를 발급해 주라는 판결을 내렸는데 이에 반대한 주민 여론을 힘입어 하와이 입법부에서 '결혼은 남녀 간의 결합'이라는 새로운 법안을 발의하여 동성결혼 합법화를 막아내었었다.

　한편 이 소송이 진행되는 중, 하와이주에 거주하는 목사들은 제3자 청원방식을 통하여 '만약 하와이주 대법원에서 동성결혼을 합법화시킨다면 동성결혼의 주례를 거부할 수 없게 되고, 거부할 수 있다 하더라도 차별행위로 간주되어 각종 민사소송에 시달리게 될 것'이라고 주장하면서 동성결혼 합법화 시도를 막으려고 하였다. 그러나 이들의 주장에 대하여서 법원은 아직 일어나지도 않은 일에 대해 미리 막아달라고 요청하는 것은 불가하다고 제동을 걸었다.

연방수정헌법 제1조는 종교의 자유, 언론과 출판의 자유, 집회의 자유 등을 보호하도록 규정하고 있다. 이에 하와이주 대법원에서도 연방수정헌법 제1조의 종교의 자유조항이 '정부가 개인에게 종교적인 신념을 이유로 부담을 지우는 것을 금지'하고 있으며 또한 '정부가 종교단체의 교리와 원칙에 개입하는 것을 금지'하고 있으므로 동성결혼이 합법화되더라도 기독교인들에게는 큰 어려움이 없을 것이라고 하였다.

그러나 이후 미국에서는 동성결혼식의 주례를 거부하거나 동성결혼을 축하하는 케이크를 만들기를 거부한 기독교인들에 대한 정부의 간섭과 처벌이 시작되었고 점점 더 심각해지고 있는 실정이어서 종교의 자유와 동성애에 대한 차별금지라는 이 두 영역의 갈등은 피할 수 없는 것이라는 사실이 명확해지고 있다.

5

생활동반자법 도입의 의미는 무엇인가?

　2014년 지금의 더불어민주당(당시 새정치민주연합) 소속 진선미 의원이 우리나라 최초로 생활동반자법을 도입해야 한다고 주장하면서 혈연이나 혼인 관계로 성립되지 않은 동거가족도 전통적인 가족관계와 마찬가지로 법적 보호를 받을 수 있도록 해야 한다는 목소리가 높아지고 있다. '다양한 가족'이라는 개념이 우리 사회에도 등장하기 시작한 것이다.

　1999년, Baker v. Vermont (베이커 대 버몬트주) 사건은 혼인관계 증명서 발급을 거부당한 동성 커플들을 위하여 이들의 관계를 '법적인 결혼'으로 인정하지는 못하지만 이들에게도 결혼한 부부가 누리는 여러 가지 공통의 혜택은 누리게 해주자는 취지로 '생활동반자법'을 제정하게 된 계기가 된 사건이다. 이후로 각 주에서는 생활동반자법이라는 새로운 법을 통해 동성결혼 합법화의 길로 가는 수순을 밟게 되었다.

생활동반자법은 동성커플들에게 '결혼'이라는 명칭을 사용하지 않을 뿐 그 외의 영역에서는 결혼한 커플이 누릴 수 있는 모든 공적인 혜택을 누리게 하는 것이다. 그러나 이는 결혼하기는 부담스럽고, 결혼에 따른 확대가족에 대한 의무를 회피하고 싶으면서도 결혼제도가 주는 모든 혜택은 누리려 하는 이기적인 사람들을 국가가 정책적으로 지원하는 제도로 악용될 수 있고, 특히 생활동반자법으로 결혼의 혜택을 누리게 되는 동성커플의 경우, 입양권을 획득하여 자녀를 기를 수 있게 되는 데 이러한 가정환경이 과연 아동들에게 건강하고 바람직한 환경이 될 수 있는가 하는 아동의 인권문제도 새로운 이슈로 부상하여 예상치 못한 사회적인 혼란과 비용을 수반하게 되었다.

대한민국에 생활동반자법의 논의가 시작된 지 10년이 흐른 2024년 7월, 대한민국 대법원은 동성파트너를 국민건강보험법 상 피부양자로 인정하여 동성파트너 역시 법률상 '배우자'의 범위에 들어간다는 판결을 내림으로써 동성결혼을 우회적인 방식으로 인정하였다. 이는 생활동반자법이라는 중간단계를 건너뛰고 곧바로 동성결혼을 합법화시켜 버린 결과를 낳았다. 앞으로 생활동반자법이라는 명칭은 사용하지 않겠지만 이 법의 취지와 목적 등과 유사한 법들이 만들어질 위험성은 높아 보인다.

6

도덕은 더 이상 법의 원천이 될 수 없는가?

서구 법철학의 토대는 '자연법(Natural Law)사상'이다. 자연법사상은 이 세상에는 시대와 장소를 초월하는 자연 질서나 우주적 이성, 즉 로고스가 있다는 것을 전제로 한다. 이러한 자연법의 대표적인 예가 성경의 '십계명'이며 현실에서는 모든 인간의 내면에 양심이 있고 옳고 그름에 대한 감각이 있다는 사실로 증명될 수 있다.

그런데 1859년 진화론이 발표되자 진화론적 세계관이 사회 지도층에 널리 확산되면서 법의 영역에서도 '진화론적 법철학'이 점점 더 대세를 이루게 되었다. 진화론적 법철학이란 절대적인 도덕법이란 존재하지 않고 법조차도 자연선택의 법칙에 따라 시대와 환경에 가장 잘 맞는 법으로 진화, 발전하고 있다는 사상이다.

2003년 Lawrence v. Texas (로렌스 대 텍사스주) 사건은 2000년

대 초까지도 미국 내 잔존하고 있던 형법상 '소도미 금지법'을 전면적으로 철폐함으로써 동성애를 범죄의 범주에서 분리시킨 역사적 사건이다.

이 사건에서 미연방대법원은 성인들이 상호 합의한 동성 간 성행위는 개인의 자유권, 사생활권의 범주에 속하는 일로써 국가가 더 이상 간섭할 수 없고, 그동안 동성애를 비난해 온 이유가 주로 개인의 종교적 신념이나 도덕적 전통에 따른 것이므로 시대와 환경이 변한 오늘날 전통적인 다수의 주관적인 도덕적 신념을 위해 정부의 힘과 형법을 사용하여 성소수자들을 규제하고, 전체 사회에 자신들의 관점을 강제할 수는 없다고 판결하였다.

이 사건은 자연법사상과 진화론적 법철학 간의 충돌을 극명하게 보여주는 것으로써 동성애라는 부도덕하고 파괴적인 생활방식으로부터 자신과 가족들을 보호하고자 하는 사람들을 오히려 더 부도덕한 차별주의자로 낙인찍은 사건이었다. 이제 도덕과 부도덕을 결정하는 기준은 자연법이 아니라 시대와 환경, 그리고 문화의 변화에 가장 잘 맞는 행동양식이 된 것이다. 그것이 무엇이든 간에 상관없이 말이다.

7

동성결혼 커플의 출산과 양육, 문제는 없는 것일까?

　성경은 하나님께서 '한 남자와 한 여자의 육체적 결합'이라는 결혼 제도를 통해 생육하고 번성하라는 축복을 주셨다고 기록하고 있다. 따라서 결혼은 단순히 두 사람의 성인이 서로의 육체적인 쾌락을 얻는 성관계를 합법적으로 가질 수 있도록 사회가 용인하는 제도가 아니다. 결혼은 인류의 존속을 위한 자녀의 출산 및 양육과 분리할 수 없는 제도이다.

　2003년의 Hillary Goodridge v. Department of Public Health (힐러리 구드리지 대 보건부) 사건은 매사추세츠주에서 동성결혼을 합법화한 사건이었다. 이 사건의 원고는 오랫동안 가족과 사회에 적극적인 부양과 봉사 의무를 수행하고 있는 모범적인 4쌍의 동성 커플로서 자신들에게도 혼인관계증명서를 발급해 달라고 소송을 제기하였다. 그들은 동성결혼이 합법화되어야 하는 중요한 이유로 자신들이 지금 양육하고 있는 아이들이 부모의 성적지향으로 인해 사회적인 편견과 차별에 시달리고 있으므로 이 아이들을 위해서라도 동성결혼이 합법화되어야 한다고 주장했다. 또한 동성결혼과 이성 결혼의 본질적인 차이가 출산과 양육에 있는 것도 아니며 이성 결혼만이 출산과 양육을 위한 유일한 방법도 아니기 때문에 동성결혼을 차별할 이유가 없다고 주장한 것이다. 이에 매사추세츠주 대법원은 동성 커플들의 손을 들어주면서 시대의 변화에 따라 평균적인 가정, 또는 정상적인 가정이라는 것을 정의하기 어려울 정도로 다양한 가족 형태가 존재하는 만큼 동성결혼을 합법화하여 다양한 가정 속에서 자라나는 아이들도 사회적인 편견과 배제 없이 생활할 수 있도록 배려하는 것이 중요한 국가의 의무라고 판결하였다.

그러나 이 소송에서 동성결혼을 했던 부모 밑에서 자라 성인이 된 사람들이 동성결혼 합법화를 반대하는 청원을 제출하였다. 이들은 모두, 자신들이 자라온 동성애 문화 속에서 성적 정체성의 혼란을 겪었으며 아버지나 어머니의 부재로 심각한 역기능을 경험했다고 증언하였다. 또한 동성결혼이 합법화되면 동성애자들의 정치적이고 개인적인 이익을 위해 아이들이 이용당하거나 착취당하는 일이 더 많아질 것이라고 경고하기도 하였다. 그리고 이러한 우려는 이미 현실로 나타나고 있다.

[위 소송의 청원자 중 한 사람이었던 케이티 파우스트가 쓴 책 '현대가정에서 아이들은 정말 괜찮을까?'와 이들의 홈페이지 thembeforeus.org를 참고하라]

8

동성애자들은 왜 '결혼'이라는 이름에 집착하는가?

2004년부터 2008년까지 캘리포니아주에서는 결혼을 '한 남자와 한 여자 간의 결합'으로 정의한 '결혼법'이 주 헌법상 위헌임을 주장하는 여러 건의 소송이 제기되었다. 이에 대하여 캘리포니아주 대법원은 성적지향을 인종이나 성별 등과 같이 헌법의 특별한 보호를 받는 범주에 속한다고 하면서 헌법은 동성결혼 부부에게도 이성 결혼 부부들이 누리는 같은 사회적 존엄과 존경을 부여할 것을 요구하고 있다고 판결한 바 있다. 특히 동성결혼 부부에게 '결혼'이라는 명칭을 허용하지 않는 것은 이들의 결혼 관계에 대한 사회적 의심을 부추기고 이들의 관계가 이성결혼보다 열등하다는 인식을 공식화하고 이것을 영속화하는 악영향을 미치는 일이라고도 하였다.

사실 2000년대 이후부터 캘리포니아주에서는 이미 '생활동반자법'이 제정되어 생활의 실질적인 면에서는 동성결혼 부부라 할지라도 이성 결혼 부부와 다름없는 혜택과 권리를 누리고 있었다. 그러나 성소수자 단체에서 요구하는 것이 단순히 사회적인 불평등이나 불편 해소에 그치는 것이 아니라 온전한 사회적인 인정, 나아가 동성결혼이 이성 결혼보다 더 나은 결혼이라는 사회적인 동의를 얻어내고자 함임을 이 사건을 통해 알 수 있다.

실제로 미국의 유명한 성소수자 단체인 Gill Foundation(길 재단)에서는 동성결혼이 이성 결혼보다 더 성스럽고 차원이 높은 결혼이라며 2016년도까지도 자신들의 홈페이지에 동성결혼을 '거룩한 결혼(Holy Marriage)'이라고 표기했다가 삭제한 바 있다. 그들의 이런 주장에는 이성 결혼은 출산이라는 육체적인 개념과 연결되어 있지만, 동성결혼은 오직 '사랑'이라는 정신적인 개념만을 토대로 이루어지기 때문이라는 이상한 논리가 들어있다. 그러므로 성소수자들이 '생활동반자법'을 만들어 그들의 관계를 '생활동반자'로 인정받으려는 것은 결혼의 대체재나 보완재로서가 아니다. 이들은 결혼의 정의(Definition)를 바꿈으로써 결혼이 주는 후광효과 아래 더 나은 '배우자'로 인정받게 되길 원하는 것이다.

9

사법 적극주의의 폐해는 무엇인가?

　2015년 6월 26일, 미국 전역에서 동성결혼이 합법화되는 역사적인 사건의 판결이 있었다. Obergefell et. al. v. Hodeges (오버즈펠 대 호지스) 사건의 판결을 통해 그동안 미국의 어떤 주에서는 동성결혼을 인정하고 또 다른 주에서는 동성결혼을 금지함으로써 벌어지던 혼란은 일단락되는 듯하였다. 그러나 이 판결은 사법 적극주의의 폐해를 적나라하게 보여준 사건으로 역사에 길이 남을 듯하다.

　'사법 적극주의'란 사법부 즉 판사가 판결을 통해 새로운 법을 적극적으로 만들어 내는 것을 말한다. 자유민주주의 사회에서는 삼권분립의 원칙에 따라 국민의 대표자들이 모인 입법부에서 법을 발의하고 행정부에서는 그 법을 실행하며 사법부는 그 법이 원래의 취지와 목적에 맞게 잘 적용되었는지를 해석하고 판단해 주어야 한다. 그런데 최근 이러한 삼권분립의 경계가 모호해지면서 사법부가 법의 해석을 통하여 새로운 법을 만들어 내는 입법행위를 하기도 하고 심지어는 국민이 투표를 통하여 결정한 법조차도 헌법이 보장하는 '근본적인 권리'를 훼손하는 문제라면서 법원이 적극적으로 나서서 무효화시켜 버리는 사례가 점점 더 늘어나고 있다.

특히 수천 년간 인류의 문명을 지탱하는 토대가 되어온 '결혼제도'를 재정의하는 중대한 문제를 9명의 미연방대법원의 판사들이 결정하는 것이 과연 옳은 일인가? 더구나 9명 중에서도 5명만이 찬성한 동성결혼 합법화를 미국 사회 절반이 넘는 국민들의 반대를 무릅쓰고 강행하는 것이 과연 자유민주주의의 원칙에 맞는 일인가? 이것은 사법 적극주의가 아니라 몇 명의 사법 엘리트들이 자신들의 신념과 관점을 온 국민에게 강요한 사법 독재가 아닌가? 하는 비판을 받고 있다.

우리나라 대법원에서도 찬성 9명, 반대 4명으로 동성파트너를 국민건강보험법상 피부양자인 '배우자'로 인정함으로써 동성결혼과 이성 간의 사실혼을 본질상 동일한 것으로 판단하였다. 이는 헌법 제36조가 규정하는 양성평등에 기반한 혼인제도를 무시하고 국민의 의견 수렴이나 동의 절차도 없이, 그리고 입법부의 구체적인 법안 발의도 없이 동성결혼을 합법화시킨 급진적인 판결이다. 이런 사법 적극주의 현상은 사법부 내의 자중의 목소리에도 불구하고 앞으로 우리 사회를 혼란과 갈등의 도가니로 이끌고 갈 것 같다.

10

동성결혼 합법화 이후 미국 사회는 어떻게 변하였나?

2015년, 동성결혼이 합법화된 이후, 미국 사회는 엄청난 변화를 겪었고 지금도 그 혼란에서 벗어나지 못하고 있다. 동성결혼 합법화의 이면에는 젠더정체성과 성적지향에 대한 차별과 혐오를 금지해야 하며 더 나아가 적극적으로 다양한 성별과 젠더정체성을 옹호, 조장해야 한다는 젠더 이념이 강력하게 작동하고 있다. 이러한 젠더 이념은 교육, 비즈니스, 대중문화, 그리고 법의 영역에 이르기까지 광범위하게 그 위력을 발휘하고 있다.

대표적인 예는 사회 정의 실현을 위한 DEI(Diversity, Equity, Inclusion) 정책이다. 삶의 모든 영역에서 다양성, 형평성, 포용성을 증가시켜야 하고 학교, 기업, 정부, 심지어 군대에서도 적극적으로 이를 증진해 나가야 한다는 것이다. 차금법의 문화적 형태로 볼 수 있다.

그 대표적인 것이 'Title IX (타이틀9)' 법 개정이다. 이 법은 미국 연방정부의 보조금을 받는 모든 교육기관에서 성별에 따른 차별을 금지하는 것으로, 원래 여성에 대한 차별금지를 목적으로 하였다. 그러나 바이든 행정부에 이르러서는 성별에 '다양한 젠더정체성과 성적지향'을 포함하는 것으로 해석할 수 있게 개정하여 전통적인 여성의 영역에 성염색체가 XY인 성전환 여성(트랜스우먼)들도 차별 없이 참여할 수 있게 했다. 그 결과는 여성 스포츠에 성전환 여성이 참가하여 메달을 독식하는 현실에서 잘 나타나고 있다.

또한 세계적인 기업인 구글, 애플, 월트 디즈니 등은 자신들의 제품이나 소셜 미디어, 광고 등을 통하여 성소수자 운동을 적극적으로 지지하고 있고 각국의 게이프라이드축제(퀴어축제)에도 후원을 아끼지 않고 있다. 이런 행태는 핑크워싱[2]의 일환으로 볼 수도 있다.

상황이 이렇다 보니 성별은 오직 남과 여로 창조되었고, 한 남자와 한 여자의 결합 이외의 모든 성관계를 '죄'로 규정하는 기독교의 경우 더 큰 사회적인 압박과 차별, 심지어는 소송과 처벌에 이르는 핍박을 받고 있는 실정이다. 청교도가 세운 나라 미국, 아직도 대통령이 성경에 손을 얹고 취임 선서를 하는 나라 미국이 어쩌다 기독교를 박해하는 나라가 되었을까? 하나님께서 '죄'라고 말씀하신 것을 인간이 '아니라'고 하는 선악과의 영향이 오늘날까지 원죄로 남아 있어 그런 것

---

2 핑크워싱이란 기업이 LGBTQ+ 지지를 통해 상표 이미지를 개선하거나 매출 증대를 꾀하려는 시도를 말한다. 특히 LGBTQ+ 이슈화되면서, 이를 악용해 다른 문제를 덮으려는 시도가 많아졌다고 본다.

은 아닐까? DEI를 추구하다 미국 사회가 DIE(죽다)하고 있는 것 같다.

7
동성애, 동성혼에 대한 국제법, 세계 각국의 법과 한국법

이상현(숭실대 교수)

전 세계 국가들의 과반수에 이르는 103개 국가에서 일부일처의 이성 커플을 혼인의 당사자로 인정하고 있다. 그중 동성간 성행위를 범죄화하는 국가들은 67개국에 달한다. 그러나, 동성혼을 국가법률로 수용한 국가들도 있는데 30개 정도에 불과하다.

1

동성애와 동성간 성행위, 동성혼은 어떻게 다른가?

통상 homosexuality의 번역어인 동성애(同性愛)는 같은 성별 간에 성적 매력을 느끼고 성적 관계를 맺는 것을 포함하는 개념이다. 성적 매력의 대상이 생물학적으로 다른 성별인 경우가 정상적인데 이를 이성애(heterosexuality)로 부른다. 동성애 옹호 진영에서는 성적 매력의 대상이 생물학적으로 같은 성별인 동성애는 단지 성적취향 내지 선호(sexual preference)의 차이일 뿐이라고 항변하였고, 2000년대부터는 변화 가능성을 내포하는 성적 취향이라는 용어 대신 생래적 내지 불변한다는 뉘앙스의 성적지향(sexual orientation)이라는 용어를 사용해 오고 있다. 그리고 성관계는 별로 강조하지 않고 내심의 성적 매력이라고 외부에 알리면서 성적지향은 왼손잡이와 같은 타고난 개인의 특성이며 고치기 어렵다고 하여 국가인권위원회법상 차별금지

사유로 도입하는데 성공하였다.

　한편, 동성간 성행위는 문자 그대로 동성간 성관계를 의미하며 여성 간 성행위는 남성성기 모양의 기구를 이용해 그 기능을 수행케 하며, 남성 간 성행위는 다른 한쪽의 항문을 통해 여성 성기의 기능을 담당케 한다. '동성애'의 범위가 넓어 동성간 성행위가 없이 성적 매력을 느끼며 살아가는 관계도 있지만 절대다수의 동성애 관계는 동성간 성행위가 핵심이다. 그래서, 통상 동성애 관계는 동성간 성행위를 하는 관계를 일컫는다. 심지어 국가인권위원회는 차별금지 사유로서의 '성적지향'에 젠더정체성(gender identity)도 포함된다면서 트랜스젠더에 대한 차별금지를 내세우는 데 이 용어를 확대 해석하고 있다. 하지만, 일반적으로 동성애는 '같은 성별 간 성적 매력을 느끼고 성적 관계를 맺는 것'이고 법적 규제는 주로 성적 관계를 맺는 행위를 대상으로 하고 있다.

　동성혼은 이러한 동성애에 기반해 유지되는 한 쌍의 남성들 또는 여성들의 결합에 대해, 사랑하는 남녀 한 쌍의 결합에 인정하는 가족법상 혼인을 인정하는 것을 지칭한다.

2

동성 간 성행위를 범죄화하여 형사 처벌하는 국가도 있는가?

　동성간 성행위를 범죄화하는 국가들은 67개국에 달한다. 주로 AIDS 확산으로 인한 인명 피해가 심각했던 보건 위기를 경험했던 아프리카의 국가들이 다수를 이루며, 이슬람 종교에 근거한 율법을 국가법으로 수용한 중동의 이슬람 국가들도 대부분 동성간 성행위를 범죄화하고 있다. 법정형은 드물지만 사형, 10년 이상 징역, 최대 무기징역, 10년 이하의 징역 또는 채찍형까지 다양하다. 채찍형은 이슬람 율법에 따른 것이다.

3
동성혼을 인정하는 국가들은 어느 정도인가?

　전 세계 국가들의 과반수에 이르는 103개 국가에서 일부일처의 이성 커플을 혼인의 당사자로 인정하고 있다. 그러나, 동성혼을 국가법으로 수용한 국가들도 있는데 30개 정도이다. 아시아에서는 대만, 태국이 대표적이며, 자유민주주의를 수용한 국가들에서 성윤리나 전통 혼인질서보다 개인의 자유를 지나치게 인정할 때 동성혼을 수용하게 되는 것으로 보인다. 동성혼을 인정하는 국가들 중 50-60%가 동성혼에 대해 입양을 인정하고 있다.

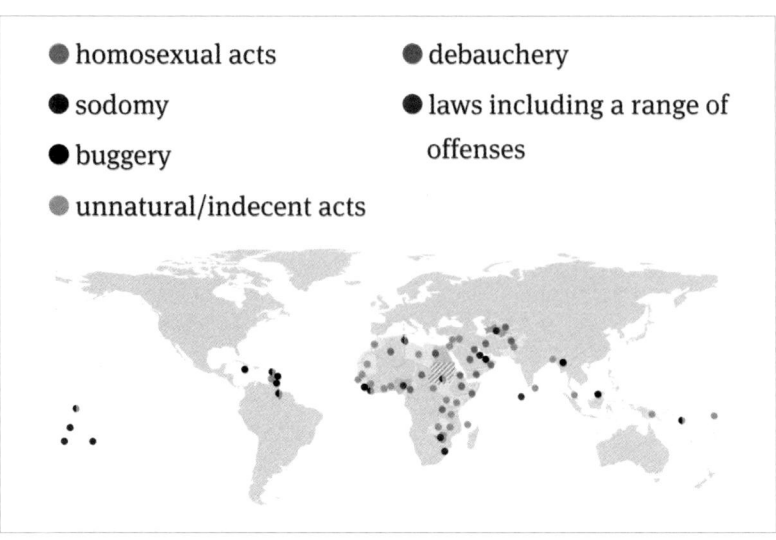

[그림1] 동성 성관계를 범죄화하여 형벌을 부과하는 예: 유형별 분류

[그림2] 동성 성관계를 불법으로 규정하는 법이 있는 국가

[그림3] 동성 성관계를 범죄화하는 입법을 취한 국가들의 법정형에 따른 분류[1]

---

1   Human Rights Watch, LGBT Rights: #Outlawed "The Love That Dare Not Speak Its Name" (https://features.hrw.org 에서 검색 가능) (2024년 8월8일 마지막 방문)

4
동성혼 수용하는 국제조약이나, 수용을 권고하는 국제기구 결의가 있는가?

　동성혼을 수용하게 하는 국제조약이나 이러한 동성혼의 수용을 권고하는 국제기구의 결의는 없다. 오히려 세계인권선언 제16조 1호는 결혼과 가족에 관한 인권을 다음과 같이 규정한다 "1. 성인 남녀는 인종, 국적 또는 종교에 따른 어떠한 제한도 없이 혼인하고 가정을 이룰 권리를 가진다" 또, 2016년 유럽인권재판소는 "동성혼의 인정 여부는 유럽회원국의 주권적 결정 사항이다"라고 하여 동성혼 불허한 프랑스의 입장을 만장일치로 지지한 바 있다.[2]

2　이성간의 결혼만을 인정하는 프랑스법이 유럽인권협약 제12조 혼인할 권리, 제14조 차별의 금지, 제8조 사적 가족적 생활에 대한 존중을 받을 권리에 위반되지 않는다고 판시하였다. AFFAIRE CHAPIN ET CHARPENTIER v. France, Eur. Ct. H.R. (n°40183/07) (2016)

5

성적지향에 대한 차별금지가 국제법적의무이기에 동성혼 수용도 국제법적 의무인가?

성적지향에 따른 차별금지는 유럽인권협약에 포함되어 있는 내용일 뿐이고 대한민국은 유럽연합의 회원국이 아니기에 유럽인권협약을 따를 국제법적 의무는 없다. 유엔 인권이사회에서 성적지향에 따른 차별, 폭력 금지 결의를 세 차례(2011, 2015, 2016) 한 바 있지만, 법적 구속력은 없으며 그나마 2017년 이후로는 반대 국가 수가 많아 이러한 결의도 하지 못하고 있다. 자유권규약(ICCPR)에서 성적지향은 명문으로 포함된 차별금지 사유가 아니며, 전문가 3인의 위원으로 구성된 자유권규약위원회가 성적지향에 따른 차별금지 판단을 하였지만 이것을 따를 국제법적 의무가 주권국가인 대한민국에게 부과되는 것은 아니다. 자유권규약위원회의 권고를 거부한 인권선진국의 예[3]는 손쉽게 찾을 수 있다. 전술하듯이 2016년 유럽인권재판소에서도 만장일치로 '두 남성간의 결혼을 허용하지 않은 프랑스법이 유럽인권협약을 침해한 것이 아니라'고 판결했다. 유럽인권협약이 유럽연합 회원국에게 동성결혼을 수용할 국제인권법적 의무를 부과한 것이 아니라는 것이다. 전술한 유럽인권재판소의 판결과 현재의 국제법적 상황에서 고려해 볼 때 한국이 동성혼을 수용해야할 법적 의무는 전혀 없다.

---

3   Ahni v. Can. (A.G.) (2000), 156 O.A.C. 37 (CA) (이란 난민 신청자에 대해 자유권규약위원회 권고에 반해 캐나다는 추방명령을 내림); Kavanagh(Joseph) v. Governor of Mountjoy Prison and Attorney General, Appeal Decision [2002] IESC 13, [2002] 3 IR 97, (2002) 2 ILRM 81, ILDC 488 (IE 2002), 1st March 200, Ireland, Supreme Court (특별형사재판소에서 재판받게 된 것을 피고인의 평등권 위반이라고 본 자유권규약위원회의 권고를 아일랜드 대법원이 인정하지 않음) 등

6
우리나라 법은 동성혼을 수용하고 있는가?

헌법 제36조는 혼인과 가족질서는 양성(兩性)의 평등과 개인의 존엄성을 기반하여 존속 유지되어야 한다고 규정하고 있고, 가족법도 혼인을 규정하고 있어 동성혼은 현행 대한민국 법제상 수용될 수 없다. 사법부와 헌법재판소도 일부일처에 기반한 혼인제도를 명시적으로 인정하고 있고, 동성커플이 제기한 혼인신고 거부처분 취소소송에서도 원고 패소 판결을 확정한 바 있다.

다만, 2024년 대법원이 성적지향에 근거한 차별금지를 이유로 국민건강보험법상 보험료 지급 면제자인 피부양자에 동성간 결합의 상대방이 사실혼 배우자와 유사한 취급을 받을 수 있다고 판시하여 우려를 자아내고 있다. 헌법과 법률에 동성간 결합, 동거에 대한 언급이 전혀 없고 당해 국민건강보험법도 피부양자를 혼인한 배우자로 제한하고 있음에도, 시행규칙상 사실혼 배우자도 피부양자로 인정받을 수 있게 하면서 동성결합의 상대방(무직)에게 건강보험 지급면제의 혜택에 있어 사실혼 배우자와 차별이 있어서는 안 된다며 보험료 부과처분이 위법하다고 판결하였다. 이는 헌법과 법률의 근거가 없음에도 국가인권위원회법상 차별금지 사유인 성적지향만을 이유로 이러한 판결을 내린 것이며, 이러한 취지가 사회보장제도에 확산되지 않도록 유의해야 할 것이다.

7

동성 결합도 사람 간 결합인데 혼인으로 인정해 줘도 되지 않을까?

　혼인은 일정한 연령 이상으로 결혼하지 않은 상태의 한 명의 남자와 한 명의 여자에게 인정해 주는 가족법제도로 배우자간 정조, 동거, 부양 및 협조의무가 부과된다. 이 한쌍의 남녀는 사회윤리상 그리고 유전학적으로 근친이어서는 안 된다는 제한이 있고, 결혼 중이 아니어야 한다. 혼인이 성립되면 배우자간 성관계로 자녀를 임신, 출산하여 부부의 자녀로 신고할 수 있는 법적 기반이 된다.

　그러나, 동성간 결합은 가족법상 인정되지 않으며, 사회윤리적으로도 승인되기 어렵다. 현재 8촌 이내의 친족간 결혼도 불허되는데 소위 남자며느리 또는 여자사위에 대한 거부감은 그 이상일 것이다. 또, 보건적으로도 남성간 성관계는 질병을 동반할 수 밖에 없는 위험한 성적 행위이다. 결합 당사자들이 생물학적인 부와 모를 구성할 수 없기 때문에 자녀를 임신해 출산하는 것도 불가능하다. 보조생식술로 여성 간 결합의 경우 타인의 정자를 통해 수정란을 생성케 하고 둘 중 한 사람의 자궁에 이식하여 출생케 할 수 있긴 하지만, 이는 출생한 자녀의 친부(생물학적 부)와의 절연을 전제로 한 가족 구성이 되어 아동의 최상의 복지에 반하는 출생이 된다. 이러한 점을 고려해 현재 여성간 결합에 대해 정자 기증을 통한 시험관 아기는 허용되지 않는다. 남성 간 결합의 경우 타인의 난자를 통해 수정란을 생성하는 것 역시 허용되지 않으며 출산을 위한 대리모 계약 역시 불법이다. 이러한 상황에서 사랑하는 관계라는 이유만으로 사회윤리, 보건, 출산한 아기의 복지 등을 무시하고 혼인으로 인정하는 것은 근친혼을 인정하라는 것보다 더 큰 문제를 야기할 수 있다.

미국의 저명학 학자인 로버트 죠지 교수, 제랄드 브래들리 교수 그리고 알크스 교수에 따르면 "혼인한 이성 간의 성관계는 본질적 인간선(intrinsic human good)이고 다른 (관계에서의) 성적 행위와는 상당히 다르며, 자연적 가족(natural familiy)은 생식이라는 생물학적 잠재력을 가진 유일한 성적 관계로서 남녀 간의 결합에 관한 사회의 심오한 이익을 더욱 증진시킨다. 다른 성적 결합보다 이성간 결합을 우위에 놓는 점에 대해 이 잠재적인 재생산능력(procreative power)이 우월한 사회적 이익의 기반이 된다. 간단히 말해, (이성간) 혼인과 가족제도는 사회의 존속에 기여한다."[4] 동성혼 대비 이성혼의 사회적

---

4 Richard. G. Wilkins, 앞의 글, p.21.

기여는 연구결과에서도 나타난다. 동성혼 자녀 512명에 대한 심리연구결과에서도, 생물학적인 양성 부모 아래서 자란 자녀들이 동성결혼 가정에서 자란 자녀들보다 정신건강 측면에서 더 나은 결과를 보였고,[5] 안정된 자연적 혼인은 부부와 자녀에게 심대한 혜택을 제공하며 이러한 혼인, 가족 구조의 붕괴는 심각한 사회적 비용을 가족 구성원들에게 부과하게 된다는 점은 여러 연구를 통해 입증되었다.[6]

---

5   CBN News, Mental Problems More Likely for Kids of Gay Parents, Feb.16th, 2015 (512명의 동성 커플의 자녀들에 대한 조사에서 이성혼 부부 자녀보다 2배 정도 많은 정신적 감정적 문제가 있음을 발표, 12명 중 8명이 심리적 조치가 필요). 이에 반해 친동성애 진영의 연구(90쌍의 동성커플(52쌍 레즈비언커플, 38쌍 게이커플)이 입양한 자녀에 대한 심리조사)에서는 입양시 낮은 호모포비아 환경, 높은 이웃의 동성커플 친밀도가 낮은 우울증세와 상관관계가 있음을 제시하기도 하였다. Abbie E. Goldberg and Julianna Z. Smith, Stigma, Social Context and Mental Health: Lesbian and Gay Couples Across the Transition to Adlptive Parenthood, J. Couns. Psychol. 2011 Jan. 58 (1), p.139-150.
6   Steven L. Nock, Marriage in Men's Lives 11 (1998), Linda J.Waite, Does Marriage Matter ?, 32 Demography 483, 494 (1995), Dr.Maria Sophia Aguirre, Family, Economics and the Informaion Society: How are They Affecting Each other?, paper presented at the World Congress of Families II, Geneva, Switzland (1999).

8

우리나라 법은 동성애(동성 성행위 포함)를 어떻게 다루고 있는가?

　우리나라는 동성 성행위를 명시적으로 규정하고 있는 법은 없다. 국가인권위원회법상 차별금지사유로 '성적지향'이 들어가고 국가인권위원회가 이를 확대해석하면서 많은 시정권고를 내었다. 몇년 전에는 민간의 퀴어축제에 국가기관이 홍보부스를 내고 참여하였고, 인권위 건물 밖에 동성애 지지를 상징하는 무지개 현수막까지 내거는 일이 발생하여 많은 항의를 받고 있다. 한편 군형법 제92조의6에서는 항문성교 기타 추행죄(구 군형법상 계간죄)를 군형법 제정시부터 채택해 군인 군무원의 동성간 성행위에 적용해 오고 있다. 헌법재판소는 이 규정에 대해 4번이나 합헌 결정을 내렸고, 동성간 성행위는 '선량한 풍속 기타 사회상규에 반하는 행위'라는 판시를 유지해 오고 있다. 다만, 대법원은 군형법 해당 규정의 적용범위를 영외 사적 장소에서 합의에 의한 성관계에는 적용하지 않는다는 전원합의체 판결을 통해 '선량한 풍속 기타 사회상규에 반하는 행위'라는 판시는 폐기하였다. 국가인권위원회는 이 군형법 제92조의6이 성적지향에 따른 차별이라며 위헌이라는 의견을 지속적으로 내고 있다. 하지만, 국방부와 법무부에서는 절대 다수 젊은 남성들이 합숙하며 훈련하는 국가안보의 핵심 역할을 맡은 군대에서 이 규정은 안보상 보건상 반드시 필요한 규정으로 보고 있다.

9

사실혼과 동성결합은 유사하니 동일하게 취급되어야 하지 않을까?

　사실혼과 동성결합은 유사하다고 보는 견해도 있을 수 있다. 그러나, 다음의 몇 가지 점에서 분명한 차이가 있다. 먼저, 혼인의 의사와 부부와 같은 공동생활의 실체를 가지고 있는 사실혼은 합의에 의한 혼인신고를 통해 법률혼이 될 수 있는 반면, 동성결합은 혼인이 불가능하다. 또한, 자녀의 출생에 관해서도 사실혼은 그 관계 안에서 자녀가 출생할 수 있고 이 자녀는 출생한 여성이 친모가 되고, 생물학적 부(父)인 아빠는 바로 법률상 친자관계가 생기지 않고 인지를 통해 법률상 친부관계가 될 수 있다. 그러나, 동성결합에서는 남남 결합은 난자 기증도 안되며 대리모계약도 불법이어서 생물학적 자녀 출생이 불가능하다(한국법). 여여 동성결합 역시 정자기증이 허용되지 않는다. 만약 일방이 자신의 자녀와 함께 하다가 동성파트너를 만난 경우에도 입양을 원해도 현재 법원은 입양을 허용하지 않는다. 사실혼의 경우는 일방 당사자의 단독 입양의 승인 가능성은 있다.

2024년 동성결합 일방에 사실혼 배우자와 유사한 건강보험 피부양자의 자격을 인정한 대법원 판례에서 '동거, 부양의무와 협조의무 및 정조의무가'가 인정되는 공동생활 관계임은 동성결합과 사실혼이 동일하다고 판시[7]하였다. 그러나, 결혼과 같이 동거, 부양, 협조 및 정조의무가 인정되는 사실혼과 달리 동성결합에 법적 보호를 인정하는 시민동반자관계에 관한 외국법-프랑스의 PACS, 영국의 시민동반자법(civil partnership), 네덜란드의 생활동반자법등-에 따르면 정조의무를 인정하지 않는 것이 일반적이다. 2023년 발의되었던 정의당 주도의 생활동반자법안, 국민소득당 주도의 생활동반자법안도 모두 정조의무는 규정하지 않았기에 그 관계 해소시 손해배상을 청구하는 당사자가 귀책사유 있는 타방에게 충분한 손해배상을 받을 수 있을지가 의문이었다. 21대 국회에서 정의당 장혜영 의원이 대표발의했던 생활동반자법안은 부양의무마저도 규정하지 않았다.

혼인 불가능, 자녀 출생 불가능, 공동생활 관계에서의 의무 범위의 협소를 이유로 동성결합은 사실혼보다 느슨한 결합이자 사회윤리적 용인 가능성이 높지 않아 동일한 취급을 받기 어렵다.

---

[7] 대법원 2024.7.18. 선고 2023두36800 판결(전원합의체)

10

남녀가 혼인 후 한쪽이 젠더불쾌증을 느끼게 된다면 성별 변경을 하고, 현재 배우자와 이혼할 수 있게 허용해야 하지 않을까?

미성년 자녀의 정신적 건강, 복지 및 성별 가치관에 미치는 부정적 영향이 극대화된다. 생물학적 부모는 자녀의 심리 발달 및 그 안정, 성별 가치관 형성에 매우 중요한데, 특히 부 또는 모의 성별 변경을 경험한 미성년 자녀는 심각한 심적 상처를 경험하게 된다. 미국에서 이성혼의 출생 자녀들이 부 또는 모의 한 사람이 성별전환을 하는 경우에 겪은 심적 상처를 기록한 내용-아래 일부 발췌-은 이들의 겪은 정신적 충격을 잘 표현해 주고 있다.

"나는 더 이상 아빠가 없어."
"난 이미 엄마가 있어. 난 아빠가 필요해"
"나는 아빠가 다시 돌아왔으면 정말 좋겠다"

"아버지의 바리톤 음색이 그립다. 이제 그는 더 높은 음색으로 여성스럽게 이야기한다. 이 모든 것이 잔인하고 왜곡된 꿈과 같아 너무 억지스럽고 비현실적으로 느껴진다. 그의 목소리를 듣는 것도 그를 보는 것도 모두 고통스럽다"

"내가 더 힘든 것은 여전히 그(그녀)가 죽지 않았으면서도 전과 더 이상 동일 인물이 아니라는 점이야"[8]

성인의 성별 변경의 욕구로 인해 약자인 자녀들이 평생 계속될 속앓이를 하게 될 것이다. 성년의 자녀도 부모의 성전환으로 인한 정신적 충격은 마찬가지다. 미성년의 자녀가 없고 혼인관계에 있지 않은 사람이 젠더불쾌감이 극대화되고 약물치료, 상담치료가 다 효과가 없어지게 되고 최후의 수단으로 성전환 수술을 한 다음에 이전 성별로 돌아갈 가능성이 없다고 판단될 때 비로소 법적 성별 변경을 인정해야 할 것이다.[9] 이에 반해 혼인 중에 있지 않지만 미성년 자녀가 있는 경우 성별 전환을 허용한 대법원 전원합의체 결정[10]은 아동의 복리를 성인의 욕구에 희생시키는 것으로 부당하며 수정되어야 한다.

또한 혼인은 양성의 평등과 인간의 존엄성에 기반해 성립되고 유지되어야 한다는 헌법 제26조를 고려하면 배우자가 동의한다고 하여

---

8 케이티 파우스트 매닝 공저, 하선희 역, 아이들은 정말 괜찮을까? 현대적 가정에서, 114-115, 220—224면 (2021, 도서출판 콜슨)
9 대법원 2006.6.22. 선고 2004스42 전원합의체 결정
10 대법원 2022.11.24. 선고 2020스616 전원합의체 결정

일방 당사자의 생래적 성별을 배우자의 성별과 동일하게 변경하는 것은 수용할 수 없다. 혼인생활 중간에 남성-남성 또는 여성-여성의 부부관계를 승인하는 결과가 되며 이는 헌법질서와 법체계에 반하기 때문이다.

8
성(Sex)과 젠더(Gender)

민성길(연세대 명예교수)

젠더(gender)는 사회적으로 구성된 인위적인 개념으로, 생물학적 성과 상관이 없으며 의과학적인 근거도 없다. 이런 젠더 개념을 단지 인권에 기초하여 정치적으로 실현하려는 주장을 젠더이데올로기라 한다. 젠더이데올로기는 젠더불쾌증(트렌스젠더와 젠더퀴어)에 대해 확인치료와 성전환 시술을 권장하고, 또한 법으로 차별을 금지하려 한다. 그러나 성전환시술은 결코 성을 바꾸지 못하며, 영구 불임과 부작용만 초래하며, 궁극적으로 정신건강을 호전시키지 못한다. 더구나 소아청소년에 성전환시술을 하는 것은 극히 비윤리적이다.

1

젠더의 정의와 그 근원

젠더는 개인이 살고 있는 사회에서 받아들여지고 있는 성적 역할(sexual role 또는 gender role)과 성적 표현(sexual expression 또는 gender expression)을 나타내는 "남성성"(masculinity)과 "여성성"(femininity)을 성의 본질로 보는 개념이다. 따라서 젠더는 철학적으로 "사회적으로 구성(socially constructed)된다"고 한다. 구성주의의 반대편에는 생물학주의(biologism)가 있다. 여기서는 "성"(sex)은 남자와 여자를 정의하는 생물학적 및 생리적 특성들(biological traits)의 집합이라는 뜻에서 "생물학적 성"(biological sex)이라 한다. 의학자들 중에는 성(sex)은 물론 남성다움, 여성다움도 결국 성호르몬이나 옥시토신의 영향 등 생물학적이라 보는 의학자들이 있다. 이는 인간 행동에 대한 결정적 요인이 '자연'이라고 바라보는 개념이다.

여기서는 "젠더도 생물학적인 것이다"라고 주장한다.

당연히 우리나라에서는 gender에 해당하는 개념도 단어도 없다. 이는 20세기 중반에 서구에서 만들어진 용어이기 때문이다. 그래서 번역이 어렵다. 저자는 적절한 번역어가 합의될 때까지 "젠더"라고 표기하려 한다.

2
존 머니의 실패한 젠더 실험

젠더 개념은 1960년대 존스홉킨스의대 정신과 임상심리학교수이자 성학자인 존 머니(John Money, 1921-2006)가 처음으로 제시하였다는 것이 정설이다.[1] 그는 성전환을 통해 성 정체성을 인위적으로 바꿀 수 있다는 "성공으로 가장한 사례"를 발표하면서, 젠더는 몸(생물학적 섹스)에 근거해서가 아니라 사회적으로 구성된다고 주장하였다. 즉 젠더는 생물학적 천성 때문이 아닌, 양육과 교육을 통해 결정된다는 것이다. 그는 젠더 개념을 실험적으로 입증했다고 주장하였으나 1990년대에 이르러 Money의 실험은 거짓으로 판명 났다.

---

1 Money J. Hermaphroditism, gender and precocity in hyperadrenocorticism: psychologic findings. Bull Johns Hopkins Hosp 1955;96(6):253-64.
   Downing L. Fuckology : critical essays on John Money's diagnostic concepts. 2014.

1965년 태어난 Bruce Reimer라는 남자아이가 생후 8개월 때 포경수술의 부작용으로 음경을 상실했다. Money는 그가 22개월 되었을 때 부모를 설득하여 고환을 제거(성전환 수술)하고 Brenda라는 이름의 여자아이로 키우게 하였고 여성호르몬을 투여하였다. 그 소년은 자신이 여자인줄 알고 자랐다. 사춘기에 성호르몬을 투여받아 유방도 커졌다. Money는 이 사례를 십수 년간 추적하면서, 학회에 간성이 아닌 정상적인 사람에 대한 성전환 수술(transsexual operation)의 성공 사례로 발표하였다. 그 소년은 의료계에 "John/Joan case"로 알려졌다. 그러나 Brenda가 사춘기에 이르렀을 때 자신이 남성적임을 느끼고 과거 수술의 비밀을 알게 됨에 따라 15세 때부터 "남자"로 살기로 하였다. 그는 여성과 결혼하고 세 양자를 두었다. 32세 때 그는, 다른 사람들이 유사한 시술을 받음으로 겪게 될 후유증을 막기 위해, 해부학 및 성학자인 Milton Diamond에게 자신의 비밀을 공개하였다. Money 연구의 거짓이 대중매체에 폭로되었다. 심지어 그가 어렸을 때 쌍둥이 형제 Brian과 동성애하는 행동을 강요하였다고도 폭로했다. Brian은 나중에 정신분열병을 앓게 되었고 36세 때 자살하였다. 당사자도 38세 때 우울증과 부부불화와 경제적 문제로 자살하였다. 부모는 Reimer 형제의 불행을 Money 탓으로 돌렸다. 실패에도 불구하고 Money는 생전에 성행동 전문가로 명성을 얻었다.

젠더 개념의 확산

머니 교수의 젠더실험이 실패였다는 폭로가 있기 전에, 젠더 개념은 이미 1970년대에 여성해방 운동을 하던 페미니스트들에게 받아들여졌다. 페미니스트들은 성(sex)이라는 용어가 전통적이고 권위주의적인 가부장제와, 남성우월주의의 의미와 희생적 모성 같은 전통적 남녀차별의 의미를 내포하고 있기 때문에, 진정한 남녀평등을 이루기 위해서는 용어부터 바꿀 필요가 있다고 보았다. 그들은 "성"을 대신할 새로운 용어로 인위적인 개념인 "젠더"가 적합하다고 보고 이를 사용하기 시작하였다. 1980년대에 이르러서 젠더개념은 사회학, 심리학, 문화인류학, 교육학 등 아카데미에서 사용하기 시작하였고, 결국 미디어들이 사용하면서 보편화되었다. 젠더 연구, 즉 여성학은 페미니즘을 기초로 꽃을 피웠다.

• 비판

젠더 이론의 결정적 결함은 젠더에는 생물학적(의학적) 근거가 전혀 없다는 것이다. 젠더는 사회문화적이며 인위적인 개념이다. 따라서 젠더의 개념에 본질적으로 불명확성이 내재되어 있으며, 그래서 또 유동적(fluid)이다. 즉 개인에 따라 또는 문화권에 따라 다양하며, 시간에 따라 변하기도 한다. 그럼에도 학계에서 젠더를 사용하게 된 것은 학문적 근거가 있어서가 아니라, 페미니즘의 아이디어와 목표에 대한 동조(sympathy)를 표현하기 위해서다.

- 의사들의 비판

1991년 한 의학자는 미국의학회잡지(JAMA)에서 다음과 같이 주장하였다. "JAMA는 용인되는 문법과 사용에 있어 표준적이 되어야 한다고 본다. 그러므로 JAMA가 sex 대신 gender를 사용하는 것에 (과학자들은) 불편함을 느낀다. 이런 부정확한 사용이 널리 퍼지고 있는데, 이는 마치 sex가 마치 더러운 단어 같아 보이게 한다. 젠더는 원래 문법적 용어로 남성형, 여성형, 또는 중성형 같은 단어에 대한 것이었고, 성(sex)은 남자 또는 여자라는 생물학적 특성들에 대한 것이다. 뉴욕타임즈가 간결하게 작가와 편집자들에게 설명하였듯이, "단어는 젠더를 가지지만, 인간은 (축복받으시라) 성(sex)을 갖는다."[2]

남자다움(masculinity), 여자다움(femininity)이라는 "stereotype"도 결국 신경과학적으로 (생물학적으로) 결정된다는 증거들이 충분히 있으며, 이는 과학적으로 당연한 소견이다.[3] 따라서 여성은 마땅히 고유의 여성성을, 남자는 남성 고유의 남성성을 실현하는 것이 의학적이다. (당연히 이런 견해는 급진적 여성주의자들은 반대한다)

---

2 Fletcher DE. The Eternal Battle of Sex vs Gender. JAMA 1991;266(20):2833.
3 Brizendine L. The Female Brain. Morgan Road/Broadway Books. 2006;
   Brizendine L. The Male Brain. Three Rivers Press/Crown Publishing. 2010.

- 기독교적 관점

크리스천은 성경에서 말씀하는 바, 하나님께서 인간을 남녀로 창조하시었다는 것을 믿는다. 젠더는 인위적인 개념이며, 생물학적 근거도 없고, 성경적 근거도 없다. 남자와 여자 또는 남성성과 여성성이 상호보완을 통해 인간성이 완성된다고 볼 수 있고, 이것이 자연이고 하나님의 창조섭리라고 생각한다. 하나님 말씀은 영원불변이며, 성경은 무오하다.

3

성 혁명이란?

　성에 의한 쾌락은 본능적이며 강력하며 또 중독적이다. 그래서 인류는 전통적으로, 특히 기독교 문화는 성을 적절히 통제하여 왔다. 그러나 "타락"한 인간들은 인류역사에서 지속적으로, 가능한 한 기독교 교훈을 거부하고 성적 쾌락을 추구하여 왔다. 쾌락주의 내지 방탕주의(libertinism)의 역사가 누적되다가. 드디어 20세기에 이르러 사회 전면적으로 "프리섹스"를 실천하는 성혁명(sexual revolution)이 일어났다. 이는 우연적이라기보다, 상당 부분 성혁명가들에 의한 의도적이고 조직적인 것이었다.
　20세기 성혁명의 핵심은 "성의 해방"이다. 1968년 캘리포니아에서 열린 "사랑의 여름"이라는 록페스티벌에 이어, 1969년 우드스톡 록페스티벌이 있었다. 록페스티벌에 모인 수만 수십만명의 젊은이들이 노숙하면서 음악과 춤과 누디티와 음주, 마리화나, LSD를 즐기고, 밤에는 프리섹스를 구가하였다. 금방 성병과 임신이 폭증하였다. 미국의 기성 사회는 충격을 받았다. 미디어가 즉각 반응하여 대서특필하며 "성혁명"이라 이름하였다. 미디어들은 과거 20년대에도 비슷한 현상이 있었음을 기억하고, 이를 "일차성혁명"이라 하고, 60년대의 성혁명을 이차 성혁명이라 이름하였다.

일차 성혁명은 일차세계대전 후 20년대에 서구 대도시들에서 나타난 프리섹스 문화이다. 전형적 풍경은 소위 "플레퍼걸"들이 캬바레에서의 타락한 남자들과 술을 마시고 재즈에 맞추어 춤을 주고 프리섹스를 즐기는 것이었다. 이를 소위 "roaring twenties"라고도 한다.

그보다 약간 앞서 이미 소련이 1917년 공산혁명에 성공하여 정권을 잡자, 곧바로 성혁명을 단행하였다. 그 성혁명과 여성해방은 동성애 용인 등등은 유례없이 급진적이었다. 그 결과 이혼/가정파괴, 성병, 원치 않는 임신과 사생아, 동성애 등이 폭증하였다. 결국 스탈린에 의해 10여년 만에 중단되었다.

프리섹스는 가능한 한 많은 성 파트너와 섹스를 하는 것이다. 그 결과 캐주얼 섹스(casual sex)가 증가하였다. 사람들은 (결혼이 늦어짐에 따라) 어린 나이에 성을 시작하며, 결혼하고서도 혼외 섹스가 증가하였다. 이혼도 증가했는데, 이는 또 다른 섹스의 기회를 갖는 것이었다. 한마디로 비일부일처제적 성행위(non-monogamous sexual activity)의 증가이다.

성혁명의 동인

종교적 억압 또는 전통 윤리적 억압에서 해방되어 "자기를 실현하겠다"는 욕구이다. 이는 인간 본성(본능, 감정)의 실현하는 것으로, 마음대로 성적 쾌락 추구하겠다는 것이다. 이는 자기중심의 자기애 실현을 위한 것으로, 인권으로서의 자기결정권으로 포장되었다. 그 사상적 배경은 빌헬름 라이히의 프로이트막시즘, 마르쿠제와 프랑크푸르트 학파의 비평이론(문화막시즘), 급진 페미니즘 등이다.

이차 성혁명에 대한 결정적 영향은 1956년부터 발매되기 시작한 피임약으로부터 왔다. 피임약은 프리섹스를 충동질하였다. 기타, 의학적 기술발달이 성혁명을 뒷받침하였는데, 성병 치료를 위한 항생제, 낙태기술, 성을 자극하는 물질의 등장, 성전환 시술 등등이다.

근접한 역사적 배경으로 1948년의 킨제이보고서, 1960년대의 마스터즈와 존슨의 성생리연구(오르가즘 연구) 등이 있다. 당시의 문학, 영화 등도 성혁명에 일조하였다. 그 중 유명한 것이 1953년의 플레이보이지 발간과 그 이후의 포르노, 섹스토이 산업의 번창이다.

그 외 성혁명과 영향을 주고 받은 다른 사회운동과 사상들에는, 여성운동, 흑인운동, 히피운동(반문화운동), 반권위운동(반전운동, 반메카시 운동, 반정부운동), 동성애 해방운동 등이 있다. 특히 유럽에서 일어난 "68학생혁명"은 막시스트운동이었지만, 성 해방이 중요한 요소였다. 전체적으로 막시즘이 반기독교적 성혁명에 중심 사상이었다. 성혁명가들은 성해방을 인간해방이라고 주장한다.

성혁명의 전개

성혁명은 프리섹스가 핵심이지만, 사람들은 "쾌락의 증진"을 위한 술과 마리화나, 각성제, 환각제 등을 섹스와 사용했고, 로큰롤(Rock and roll) 콘서트와 춤(클럽)을 즐겼다. 이런 음악과 섹스와 마약의 광란적 축제는 60년대 히피들에 의해 시작했으나, 곧 대학가로 퍼졌고, "클럽"이라는 보편적 도시 문화가 되어갔다.

성 해방에 동성애 해방도 포함되었다. 게이들은 스톤월 게이폭동을 계기로 인권운동을 벌였다. 그들은 수년간 미국정신의학회를 향한 게릴라식 폭력시위를 하였다.[4] 이에 미국정신의학회는 굴복하여, 1973년 회원투표로 동성애를 정신장애 진단 및 통계편람 제3개정판(DSM-III)에서 제외하였다. 이로써 동성애가 "정상화" 되었다. 그러나 1977년 재투표에서는 회원 69%가 동성애가 병이라 하였다.[5]

성혁명이 진행되면서 쾌락원칙이 기존의 현실원칙을 능가하게 되었다. 성욕과 프리섹스와 오르가즘이 새로운 "우상"이 되었다. 오르가즘이 성취된다면 (사정만 한다면) 캐주얼 섹스나 불륜은 물론, 동성애, 소아성애, 가학피학(sado-masochism. S/M), 동물애(수간), 근친간도 괜찮다는 생각이 퍼지기 시작하였다.

---

4 Bayer R. Homosexuality and American psychiatry, The Politics of Diagnosis. With a New Afterword on AIDS and Homosexuality. Princetone University Press, Princetone, 1987.
5 Time. Sick Again? Psychiatrists vote on gays. 1978;111(8):102AB

성혁명가들은 모든 성을 해방한다는 점에서, 포르노, 매춘, BDSM(Bondage, Discipline, Sadism and Masochism), 다자성애(polyamory) 등 무엇이든 정당하다고 주장하였다. 이를 성-긍정 운동(sex-positive movement)이라고도 한다.[6] 그리고 이런 방탕(libertine) 행동을 '진보적 근대적 라이프 스타일'이라고 홍보한다.

1998년 비아그라라고 하는 발기부전을 개선하는 약물이 등장하여 21세기의 성해방과 타락을 가속하고 있다. 또 과학기술이 발달함에 따라, 첨단 섹스토이, 섹스로봇, 가상현실 포르노 등등이 등장하고 있다. (섹스토이와 결혼한다는 사람도 등장하고 있다)

페미니즘과 성혁명

페미니즘 여성운동은 18세기부터 여성 참정권운동과 기독교 절제운동으로 시작되었는데, 오랜 투쟁 끝에 20세기에 들어 비로소 참정권을 획득하였다. (우리나라는 1948년 여성투표권이 실행되었다) 이후 여성운동은 여성에 대한 일반적인 억압, 특히 성의 해방으로 눈을 돌렸다. 여성운동가들은 여성의 해방에서 여성 섹슈얼리티의 해방, 여성 역할에서의 해방, 생물학(여성의 몸, 생식기능, 낙태금지)에서의 해

---

6 A Sex Positive Renaissance. Allena Gabosch. 8 December 2014. https://allenagabosch.wordpress.com/2014/12/08/a-sex-positive-renaissance/

방, 여성 비하에서의 해방을 추구한다. 그리하여 현대 페미니즘과 성혁명은 상호 깊은 영향을 미쳤다. 여성의 해방이 성해방의 핵심 중 하나였으며, 따라서 성혁명에 페미니스트들의 기여가 컸다.

트랜스페미니즘(Transfeminism)과 TERF

여성 인권운동과 성소수자 인권운동의 교차지점을 잘 보여주는 것이 트랜스페미니즘이다.[7] 트랜스페미니즘은 트랜스여성(생물학적으로는 남자)들을 위한 페미니즘의 한 형태로서, 모든 여성들의 해방처럼 트랜스여성들도 해방되고 평등을 누리자는 운동이다. (이번 파리 올림픽에서 트랜스여성이 여성 부문 권투경기에 참여하는 것을 허용한 것은 바로 이 트랜스페미니즘을 인정한 것이다.)

한편 페미니스트들 중, 트랜스여성을 진정한 여성으로 보지 않고 배척하고 혐오까지 하는 페미니스트 집단이 있는데, 이들을 트랜스배타적 급진페미니즘(trans-exclusionary radical feminism, TERF)라 한다, 이들은 트랜스여성을 같은 여성으로 받아들이자는 페미니스트들과 격렬히 논쟁하고 있다.

---

[7] Draper SC. Chapple R. Resistance as a Foundational Commons: Intersectionality, Transfeminism, and the Future of Critical Feminisms. Affilia 2023;38(4):585-596.

소아성애(pedophilia)

이제 소아청소년들이 성혁명의 피해자가 되고 있다. 그들은 아직 뇌의 발달이나 인격발달, 인지발달에 미숙하며, 더욱이 사춘기에는 섹스가 모든 것을 압도한다. 성혁명가들은 이런 소아청소년을 "혁명의 전사"로 생각하는지, 이들을 집중적으로 유혹하고 있다. 이 현상이 바로 소아성애(pedophilia)로 나타나고 있는 것이다. 즉 소아청소년은 물론 심지어 유아에게도 성욕이 있어 어른들이 이들을 만족시켜 주어야 한다고 주장한다.

그 결과는 비참하다. 예를 들어 성경험 있는 소녀들은 성경험이 없는 소녀들보다 자살시도 6배, 가출 18배, 경찰 체포 6배, 정학 5배, 약물남용이 10배라 한다.[8] 이들을 위한 사회-의료적 비용은 물론, 청소년 부모되기를 돕기 위해서도 엄청난 사회적 비용이 필요하다.[9] 성인들의, 특히 부모의 감독과 지도가 필요하다. 그러나 요즘 그 성인들 자신들이 청소년화 되어가는 것 같다.

---

8 Orr D, et al. Premature Sexual Activity as an Indicator of Psychosocial Risk," Pediatrics, 1991;87(2):141-147.
9 Maynard, RA., and Hoffman, SD, The Costs of Adolescent Childbearing. In Kids Having Kids: Economic Costs & Social Consequences of Teen Pregnancy, edited by S.D. Hoffman and R.A. Maynard. Washington, DC: Urban Institute Press, 2008.

성혁명적 성교육

성 혁명가들은 이러한 성 혁명적 사고를 아이들에게 가르쳐야 한다고 주장하는데, 이는 공교육에서 포괄적 성교육(comprehensive sex education)에 LGBT에 대한 교육을 추가한 것이다. 이런 교육의 병폐는 조만간 나타날 것이다. 40여 년이 지난 현재 성 혁명가들의 주안점은 LGBT의 정상화(normalization)와 젠더주류화(gender mainstreaming)이다. 이는 수천 년 동안 우리의 전통이기도 하며, 기독교의 주된 성 윤리인 남녀유별과 일부일처제의 가족제도를 완전히 해체하려는 혁명이다. "생육하고 번성하라(be fruitful and multiply)"는 교훈은 무시되었고 그 부작용은 조만간 나타나게 마련이다. 따라서 이러한 혁명을 저지하려는 최전선도 역시 기독교일 수밖에 없다.

비판 - 성혁명은 옳은가?

성해방은 성적 쾌락을 위한 것 외에 인류에게 유익한 것이 없다. 오히려 개인은 물론, 가정, 공동체, 국가에 큰 부정적 영향을 미쳤다.

사람들의 가치관이 변화하였다. 전세계적으로 방탕주의(libertinism)가 확대되고 있다. 사람들은 성만 아니라, 모든 면에서 "오늘을 즐기는 것"을 미덕으로 생각한다. 이제 인간은 어디서 왔으며 그리고 어디로 가는가 같은 생각은 무시된다.

프리섹스와 LGBTQ 옹호운동에 따라 결혼율과 출산율이 감소하고 있다.

성혁명 이래 프리섹스 풍조는 자신과 상대방에 신체적 및 정신적 건강에 장애를 일으켰다. 섹스파트너 수가 많아짐에 따라 당연히 성병이 만연했고, 원치 않는 임신과 낙태와 사생아 출생이 증가하였다. 특히 1980년대에는 동성애자들 사이에 에이즈가 등장하였고 이성애자들에게까지 퍼졌다.

정신적 부작용도 나타났다. 결혼과 가족을 중심으로 하던 가치관이 개인주의와 자기결정권의 가치관으로 이동하여 갔다. 도덕심이 저하되고, 문란하고 무책임한 섹스가 만연하면서, 성에 의해 정신적 상처를 입는 경우 증가하였다. 결국 사람들은 누구하고도 섹스할 수 있음에도 불구하고 고독해 지고 있다. 우울증, 불안, 자살생각이 많아지고 있다.

성은 자유로워졌지만, 불륜으로 가정내 갈등과 폭력이 증가하고, 이혼이 증가하면서, 가정이 파괴되어 갔다. 혼전 성 내지 결혼외 성행위로 사생아와 낙태가 많아지고 홀부모가정이 증가하였다. 이런 변화를 확장된 사회복지제도가 결과적으로 부추기고 있다.

성적 자유에도 불구하고 성폭력, 성범죄는 증가하고 있다. 사회적으로는 포르노와 매춘이 번창하면서 산업화되고, 그래서 인신매매가 성행하게 되었다. 그중에 가장 비참한 것이 소아의 인신매매이다.

여성 해방운동에도 불구하고, 여성들은 여전히, 오히려 더 심각한 착취, 모욕, 폭력으로부터 보호받지 못하는 상태가 되고 있다. (우리나라의 경우 악화일로를 걷고 있는 남혐, 여혐이 그 증거이다)

덩달아 성적 쾌락을 강화하거나 대신하는 약물중독과 행위중독(behavioral addiction)도 증가하고 있다, 즉 성중독, 도박중독, 인터넷게임 중독, 먹기중독, 쇼핑중독, 운동중독 등등. (이에 대해 주색잡기(酒色雜技) 패가망신(敗家亡身)이라는 옛 교훈이 생각난다. 잡기는 도박인데, 현대사회에서는 인터넷게임이 추가된다)

성혁명의 결과 현대 세계는 "죽음의 문화"가 지배하고 있다. 인류 문명의 발달에도 불구하고, 자살이 증가하고, 치명적인 전염병들이 유행하고, 불임을 조장하고, 심지어 생명을 살려야 하는 의사가 낙태와 조력자살을 조장하고 있다.

기독교의 비판

당연히 크리스천들은 이 모든 성 혁명과 방탕주의(libertinism)에 반대한다. 성경은 모든 성적 방탕에 대해 확고한 경고를 주고 계신다. "오직 각 사람이 시험을 받는 것은 자기 욕심에 끌려 미혹됨이니, 욕심이 잉태한즉 죄를 낳고 죄가 장성한즉 사망을 낳느니라"(야고보서 1:14-15). 성경의 성에 대한 교훈은 완벽한데, 성혁명가들은 이를 거부하고 스스로 하나님과 같이 되려 하고 있는 것이다. 성경은 결코 성을 억압하지 않는다. 크리스천은 진정한 사랑과 섹스에서의 기쁨은 주안에서 자유함과 거룩한 결혼관계에서 온다고 믿는다.

4 젠더의 종류

젠더이론에 따라, 생물학적 성에 따라 남자 또는 여자의 성정체성을 가지는 사람들은 시스젠더(cis-gender)라 한다. 대부분 사람들이 이에 속한다. 한편 어떤 소수의 사람들은 자신의 생물학적 성과 반대되는 성의 정체성을 가지는데, 이를 트랜스젠더(transgender)라 한다. 이들은 모두 이분법적으로 남성 아니면 여성을 표방하므로 이원적(binary)라 한다.

젠더퀴어(gender queer)는 젠더가 남성도 여성도 아닌 젠더정체성이다. 퀴어라는 단어는 "이상한", "색다른", "낯선", "괴짜인" 등의 의미이다. 이는 비이원성(non-binary)이라 하는데, 즉 남성과 여성의 중간에 있거나, 그 바깥에 있거나, 젠더가 아예 없거나, 두 개 이상이거나 또는 젠더가 계속 변한다는 경우이다. 현재 온라인 상에 수많은 젠더퀴어가 제안되어 있으며, 계속 새로운 젠더퀴어가 추가되고 있다. 현재 100여개의 젠더옵션(gender option)이 제시되고 있다.[10]

한편 이 범주에 소위 제3의 젠더(the third gender)를 포함하기도 한다. 이는 주로 비서구 문화권에서 보고되는 비전형적인 젠더로, 실제 조사해보면 트랜스젠더, 젠더퀴어, 인터섹스, 크로스 드레서, 또는 거세된 고자를 통칭하는 것이다.

트랜스젠더와 젠더퀴어 등을 통털어 젠더비순응(nonconforming), 젠더불일치(incongruence), 젠더변이(variance), 젠더다양성(diverse), 젠더비정형(atypical) 또는 젠더확장(expansive), 젠더 스펙트럼(spectrum)이라고도 한다. 이 모두를 의학에서는 젠더불쾌증(gender dysphoria)이라 한다.

- 성전환증(transsexuality)

극단적인 트랜스젠더(젠더불쾌증)로서 자신의 성을 다른 성으로 바꾸는 의료적 시술(성전환수술, 호르몬치료 등)을 원하는 경우이다. 모든 트랜스젠더가 성전환자인 것은 아니다. 어떤 성전환자는 자신을 트랜스젠더라고 부르는 것을 거부하기도 한다.

---

10 Williams R. Facebook's 71 gender options come to UK users. The Telegraph 27 June, 2014.

5

젠더불쾌증

젠더불쾌증(gender dysphoria)은, 통상적으로 트랜스젠더라고 불렸던 명칭에 대한, 새로운 의학적 명칭이다.[11] 이전에는 성전환증, 성정체성 장애, 젠더정체성 장애(gender identity disorder)라고 불렸던 것이다. 2013년 개정된 DSM-5에서 장애(병)라는 느낌을 주지 않기 위해, 불쾌증이라는 "증상명"으로 바꾸었다. 즉 "정상화"하였다는 것이다.

• 역학

트랜스젠더는 인구 중 약 0.1% 이하로 극소수이다.[12] 젠더퀴어는

---

11 민성길(편). 최신정신의학. 서울; 일조각. 2013.

대체로 트랜스젠더 중 35% 또는 52%라 한다.[13] 성전환자는 더욱 적다. 성혁명의 진행에 따라 "개방적" 성교육 때문인지, 트랜스젠더가 증가하여, 현재 미국의 30세 이하 젊은이들 중에 트랜스젠더가 2.0%, 젠더퀴어가 3.0%라 한다. 소아청소년들 중에서 자신이 트랜스젠더라고 주장하는 경우가 매우 빠르게 증가하고 있다.[14]

• 증상

핵심 증상은 타고난 자연적, 생물학적 성을 거부하고, 자의적, 인위적으로 반대성 또는 젠더퀴어의 정체성을 가지는 것이다. 그래서 반대 성의 복장과 치장을 하고 반대 성의 사람처럼 행동한다. 심지어 반대 성의 몸으로 바꾸고 싶어 한다. 젠더불쾌증이란 자신이 느끼고 경험하는 젠더가 잘못된 몸에 갇혀있어 "불쾌"하다(괴롭다)고 느끼는 것이다. 이는 일종의 망상이나 강박증이라 할 수 있다. 따라서 신체변형(추형)장애와 비슷하며 부분적으로 공통적이기도 하다. 트랜스젠더임을 스스로 공개하는 것을 커밍아웃이라 한다.

---

12 Collin L, et al. Prevalence of Transgender Depends on the "Case" Definition: A Systematic Review. J Sex Med 2016r;13(4):613-626.
13 James SE, et al. The Report of the 2015 U.S. Transgender Survey. Washington, DC: National Center for Transgender Equality. 2016.
　Government Equalities Office. National LGBT Survey: Research Report. 2018.
14 Pew Research Center focus groups. The Experiences, Challenges and Hopes of Transgender and Nonbinary U.S. Adults. June 7, 2022.

- 급발성 젠더불쾌증(rapid-onset gender dysphoria)

최근 청소년기 동안 또는 그 직후에, 갑자기 젠더불쾌증을 선언하며 커밍아웃하는 사례가 나타나고 있다 한다. 그 부모들은 자녀들이 갑자기 트랜스젠더로 선언하면서 SNS 사용이 폭증하고 트랜스젠더 친구들 집단에 들어갔다고 하면서 굉장히 당황해 한다. (이 질병명이 별도의 진단군인지는 더 연구를 요한다)

- 신체적 건강

트랜스젠더 사람들은 정상적인 성기를 가지고 있지만, 비정상적 성행위를 하는 경우가 많고 그래서 그에 따른 성병 같은 신체장애가 흔히 발견된다. 특히 도시 지역에서 일부 남성들은 매춘행위에 참여하여 성병이나 AIDS에 걸릴 위험성이 증가된다.[15] 또한 호르몬 치료의 부작용과 성전환 수술 후유증 등이 있다, 특히 여성화수술 후 인공질의 유착, 직장-질간 누공, 요도 협착 등 합병증이 발견되기도 한다

- 정신건강

"젠더불쾌증" 이외 우울증, 불안상태, 자살시도, 물질중독, 섭식장애, PTSD 등 정신건강 문제를 동반장애로 가진다는 것은 이해하

---

15 Spink M, et al. Comprehensive HIV Prevention for Transgender Persons, Am J Public Health 2017;107(2):207-212.

기 쉽다.[16] 이는 트랜스젠더에 대한 사회적 차별 때문이거나, 그 혐오를 자신이 내면화한 결과일 수 있다. 또한 젠더불쾌증 사람들의 상당 수에서 자폐증[17]과 인격장애[18]가 동반된다. 그 중 경계성 인격장애가 많다.

트랜스젠더의 섹슈얼리티

트랜스젠더, 젠더퀴어 등 수십 가지의 젠더정체성들이 있는데, 이들 각각은 여러 성적지향(이성애, 동성애, 양성애, 무성애, 범성애 등)을 가진다. 즉 그들 사이의 성관계 조합의 수는 무수하다. 2015년 미국에서의 조사[19]에 의하면 트랜스젠더들의 18%가 범성애자, 21%가 퀴어, 16%가 동성애자, 14%가 양성애자, 10%가 무성애자 그리고 15%가 이성애자라 보고하였다. 트랜스젠더들은 자신들의 "젠더" 정체성을 기준으로 성지남(섹슈얼리티)을 규정하고 있으며, 이를 사회가

---

16 Heylens G, et al. Psychiatric characteristics in transsexual individuals: multicentre study in four European countries. The British Journal of Psychiatry 2014;204(2):151-156.
    Becerra-Culqui T, et al. Mental Health of Transgender and Gender Nonconforming Youth Compared With Their Peers. Pediatrics 2018;141(5):e20173845
17 Hisle-Gorman E. et al. Gender dysphoria in children with autism spectrum disorder. LGBT Heal 2019;6:95-100.
18 Azadeh M Meybodi, Atefeh G Jolfaei. Evaluation of personality disorders in patients with Gender Identity Disorder (GID): An update. J Family Med Prim Care. 2022;11(6):3196-3202.
19 James SE, et al. The Report of the 2015 U.S. Transgender Survey National Center for Transgender Equality.

받아들이고 있다. 즉 트랜스남성(female-to-male transgender 생물학적으로 여자임)이 시스젠더 남성과 성행위를 하면 자신은 동성애를 한다고 주장한다. 그러나 객관적으로 볼 때는 이성애를 하는 것이다.

- 그들의 실제 성행위는 매우 힘들다

트랜스젠더 혹은 젠더불쾌증이라는 정체성도 비자연적이지만, 그들의 성행위도 극히 비자연적이다. 까다롭고 기대하는 쾌감을 얻기 어렵다.[20] 그 이유는, 자신의 성과 성기에 대한 불쾌증 때문에, 성정체성 확립에 관련된 갈등 때문에, 젠더 표현에 대한 사회적 편견 때문에, 성적 파트너를 찾기 어렵기 때문에, 성적 욕구를 만족시키기 어렵기 때문에, 반대성 호르몬의 생리적 및 감정적 효과 때문에(성욕과 성기능을 떨어트린다), 성전환 수술의 부작용 때문에, 그리고 무엇보다 성전환 수술후 실제 성행위가 만족스럽지 않기 때문에, 등등이다. 그들이 너무나 간절히 원하는 성전환 수술이 성공적이라해도, 성형 수술로 만든 인공 질이나 인공 음경은 그 모양만큼 기능도 없다.

그리고 불행히도 그들의 섹슈얼리티는 성 노동(sex work)의 도구가 되는 수가 많다.[21] 그래서 그에 따른 신체적 합병증들이 많다.

---

20 Fielding, Lucie (2021). Trans Sex: Clinical Approaches to Trans Sexualities and Erotic Embodiments. New York City, N.Y., U.S.: Routledge.
Valens A. Here's what you need to know before having sex with a trans woman. Trans/Sex. The Daily Dot.
Hill-Meyer, Tobi. "Muffing 101". Lesbian Sex. Autostraddle. 7 February 2022.

즉 HIV-AIDS 같은 감염병과 신체상해가 많다. 드랙퀸 같은 화려하고 요란한 치장의 이면에는, 그들의 씁쓸한 비참함이 숨어 있다. 그들은 우울할 수 밖에 없다. 결국 무엇이든 쾌락을 얻기 위한 다른 방법을 추구하게 되기 쉽다. 그래서 그들에게 마약 중독이 많다는 사실은 놀랄 일이 아니다. 우리 크리스천이 볼 때, 이 모든 상황들은 지극히 비성경적이다. 트랜스젠더 사람들에게 단순히 그들의 원하는 대로 성전환 수술을 하여, 인공 음경이나 인공 질을 만들어 준다 하여도, 그들이 원하는 성적 행복을 궁극적으로 얻지 못하며, 부작용으로 괴롭게 될 뿐이다.

• 예후 - 자연적 유동성

트랜스젠더로서의 정체성은 유동적(fluid)이며, 특히 청소년 트랜스젠더는 사춘기 이후 자연스럽게 시스젠더로 바뀌는 수가 많다. 심지어 매일 매시간 젠더정체성이 바뀐다고 주장하는 사람도 있다.[22] 따라서 사춘기 차단시술이라는 성전환 시술은 비윤리적이다. 트랜스젠더는 "전환치료"로 치유될 수 있다.

---

21 Nadal K, et al. Transgender Women and the Sex Work Industry: Roots in Systemic, Institutional, and Interpersonal Discrimination. Journal of Trauma & Dissociation. 2013;15(3):169-183.
22 Jessica K. Gender fluidity: The ever-shifting shape of identity. BBC. 15 September 2022.

6

젠더불쾌증의 원인과 치료

가. 생물학적 원인

일반적으로 트랜스젠더의 원인에 대해서 아직 "모른다"이다. 막연하게 유전적, 발달적, 환경적 원인들이 복합되어 생겨난다고 하나 어느 하나도 의과학적으로 입증된 바는 없다. 유전체연관연구(Genome-wide association study, GWAS) 상에서도 트랜스젠더에 관련되는 유전자 변이는 발견되지 않는다.[23] 트랜스젠더의 가족력 같은 유전적 요소도 있다는 연구[24]가 있으나, 연구대상 숫자가 너무 적어 일반화에

---

23 Lombardo F, et al. Hormone and genetic study in male to female transsexual patients. J Endocrinol Invest 2013;36(8):550-7.

한계가 있다. 테스토스테론 같은 성호르몬이 성 정체성 장애에서의 여성다움 또는 남성다움을 느끼거나 인식하는데 어떤 영향을 미치는지는 명확하지 않다.

트랜스젠더와 정상 대조군사이에 MRI 상 뇌의 회백질에서의 차이는 없었다.[25] 그러나 몇 지역의 백질에서 남녀 대조군과 다르다는 것을 발견하였다[26]고 하지만, 이는 트랜스젠더 행동의 원인인지 또는 결과인지 구별할 수 없다. 이와 관련하여 2018년 Mohammadi 등은 트랜스젠더들이 보이는 뇌의 특징은 트랜스젠더의 원인이라기보다 트랜스젠더의 뇌가 새로운 문화적 조건과 개념, 행동, 및 라이프스타일 등에 적응한 결과, 뇌의 구조와 기능이 변화된 것으로 결론지었다.[27] 이 현상을 신경가소성(neuroplasticity)이라 한다.

---

24 Saraswat A et al. Evidence Supporting the Biologic Nature of Gender Identity. Endocrine Practice 2015;21(2):199-204.
25 Simon L, et al. Regional Grey Matter Structure Differences between Transsexuals and Healthy Controls—A Voxel Based Morphometry Study. PLOS ONE. 2013;8(12):e83947.
    그러나 homosexual transsexuals과 대조군(정상인) 사이에 MRI 상 몇 지역의 회백질 볼륨에서 차이가 있었고. 또한 homosexual transsexuals과 non-homosexual transsexuals 사이에서도 몇 지역에서 차이가 있다고 한다. 이는 (LeVay의 동성애 연구에서와 같이) 과거 그동안의 동성애 행동에 의한 신경가소성의 효과 때문일 수 있다. 즉 androphilic male-to-female transsexualism은 masculine homosexual male의 동성애와 같은 것이기 때문이다. 장기간 동성애 행동은 뇌의 구조를 변화시킬 수 있다.
26 Rametti G, et al. The microstructure of white matter in male to female transsexuals before cross-sex hormonal treatment. A DTI study. Journal of Psychiatric Research 2011;45(7):949-954.
27 Mohammadi MR, Khaleghi A. Transsexualism: A Different Viewpoint to Brain Changes. Clin Psychopharmacol Neurosci. 2018;31;16(2):136-143.

나. 정신사회적 원인

• 정신분석

정상적으로는 오이디푸스 콤플렉스를 마스터함에 있어, 남자아이는 아버지를 동일시(identify)함으로, 딸 아이는 어머니를 동일시함으로, 성 정체성(identity)을 형성한다. 그러나 이에 실패하면, 이성의 부모를 과도하게 동일시하게 되고 이후 성정체성 장애가 생긴다.[28] 비유하자면 소아가 현실에 불만을 가진 나머지 "이 몸이 새라면..."하고 상상하다가 결국 자신이 새라고 믿게 되는 것과 같은 것이다.

• 발달이론

대개 부모에 의해 남자 어린이는 남자답게, 여자 어린이는 여자답게 행동하도록 양육된다. 예를 들어 남자아이에게는 남자아이의 놀이(전쟁놀이)를 하게 하고, 여자아이에게는 여자아이의 놀이(인형과 집)를 하게 하는 것 등이다. 특히 어머니의 영향이 큰데, 출생 후 2년까지의 소아-어머니 사이의 관계가 아동의 성 정체성을 형성하는 데 큰 영향을 미친다. 이 시기 동안 어머니는 아동이 어

---

28 Zucker KJ, et al. Psychopathology in the parents of boys with gender identity disorder. J Am Acad Child Adolesc Psychiatry 2003;42:2-4.
Korte A, et al. Gender Identity Disorders in Childhood and Adolescence. Dtsch Arztebl Int 2008;105(48):834-841.

떤 성에 속하는지를 가르치고 자신의 성에 자신감을 갖게 한다. 이 때 부모로부터 정신적 트라우마를 받으면 "사랑받는 자식"으로서의 정체성에 혼란이 나타나는데, 여기에 성정체성도 포함되는 것이다.

다. 적대적 소아기 경험

최근 의학에서는 어릴 때 경험한 "트라우마"를 "적대적 소아기 경험"(adverse childhood experiences. ACEs)이라는 말로 대변하고 있다. 이는 1-17세 사이에 겪는 학대와 방임이라는 부정적 경험들을 말한다.[29] 예를 들면 부모의 이혼, 별거 및 죽음, 가족내 폭력, 성적 학

---

29 Friedman MS, et al. A Meta-Analysis of Disparities in Childhood Sexual Abuse, Parental Physical Abuse, and Peer Victimization Among Sexual Minority and Sexual Nonminority Individuals. Am J Public Health. 2011;101(8):1481-1494.
Parkes A, et. al. Comparison of teenagers' early same-sex and heterosexual behavior: UK data from the SHARE and RIPPLE studies. Journal of Adolescent Health 2011;48:27-35.
Rothman EF, Exnerz D, Baughman A. The prevalence of sexual assault against people who identify as Gay, Lesbian or Bisexual in the United States: A systematic review. Trauma Violence Abuse 2011;12(2):55-66.
Mark S. Friedman et al. (2011). A Meta-Analysis of Disparities in Childhood Sexual Abuse, Parental Physical Abuse, and Peer Victimization Among Sexual Minority and Sexual Nonminority Individuals. American Journal of Public Health 101(8):1481-1494,
Andersen JP, Blosnich J. Disparities in Adverse Childhood Experiences among Sexual Minority and Heterosexual Adults: Results from a Multi-State Probability-Based Sample. PLOS ONE 2013;8(1):e54691,
Wilson HW, Widom CS. Does Physical Abuse, Sexual Abuse, or Neglect in Childhood Increase the Likelihood of Same-sex Sexual Relationships and Cohabitation? A Prospective 30 year Follow-up.
Archives of Sexual Behavior 2010;39(1):63-74,

대, 부모의 스트레스나 정신장애로 인한 돌봄의 결핍, 공포의 경험, 위험에 처함, 신체적 상처 입음, 고립무원의 경험, 성폭행, 따돌림, 집단 괴롭힘, 낯선 곳으로의 이사, 가난, 가난과 범죄가 많은 거리에서 자람, 전쟁, 타인의 상해와 죽음을 목격함, 가족내 물질남용자나 정신장애자나 감옥에 간 자가 있어 파괴된 가족 내에서 성장함.

ACEs는 성인의 뇌와 달리, 미숙하고 아직 성장하는 소아의 뇌에 부정적 영향을 미친다. 특히 기억을 담당하는 해마, 논리적 사고를 담당하는 전전두엽, 그리고 감정 중추인 편도의 성장에 악영향을 미친다. 그리하여 결과적으로 평생에 걸쳐 정신건강과 신체건강에서 부정적 결과를 초래한다.

이런 적대적 소아기 경험이 우울증, 불안장애, 식사장애, PTSD, 공포증, 불면증, 중독장애(물질중독과 행위중독), 성격장애 등 정신장애는 물론, 고혈압, 심장병 같은 만성적 신체 건강과 암 발생에도 해로운 영향을 미친다. 결과적으로 수명을 20% 정도 단축시킨다고도 한다.

적대적 소아기 경험은 LGBTQ의 원인이라고도 한다. 즉 소아기 때 ACEs을 경험했다면, 자신에 대해 열등감을 가질 수 있다.[30] 그 열등한 자신의 모습이 싫거나 자신에 대해 죄의식을 가지거나, 심지어 자신을 증오하면, 몸(신체상, body image)이나 남자 또는 여자라는 정체성에 대해 혼란이 오고, 성적 환상에의 중독되면서, 성을 바꾸고 싶

---

30 Tran NM, et al. Adverse Childhood Experiences and Mental Distress Among US Adults by Sexual Orientation. JAMA Psychiatry. 2022;79(4):377-379.

어 할 수 있다. 특히 성적 갈등이 심하다거나 성적 학대를 받은 경험이 있을 때 '다른 성이었다면 괜찮지 않았을까' 하는 심리가 젠더불쾌증을 야기한다는 것이다. 즉 ACEs가 트랜스젠더의 원인이기도 하지만, 정신장애의 원인이 되기도 함으로 상호간 동반장애(co-morbidity)로 나타나는 것이다.

라. 자폐증- 원인인가 증상인가

최근 LGBTQ와 자폐증 간의 상호관련성에 대한 연구들이 관심을 끈다. 즉 시스젠더에 비해 트랜스젠더/젠더퀴어 사람들은 자폐증적(autistic)인 경우가 3.03-6.36배 많다고 한다.[31] 심리검사 상 트랜스젠더에서 자폐증적 특성, 체계화(systemizing), 및 감각적 감수성(sensory sensitivity) 등에서는 점수가 높고, 반면 공감(empathy)에서 점수가 낮았다. 또한 그들은 자폐증 진단은 물론 다른 신경발달장애로 진단받는 경우가 많았다. 자폐증은 현재 신경발달장애로 보는 경향이 있다. 성격장애도 신경발달과 관련이 있는데, 경계형 성격장애가 트랜스젠더에 많다. 그렇다면 신경발달장애가 트랜스젠더의 원인인지, 트랜스젠더의 증상인지 더 연구해 보아야 한다.

---

31 Warrier V, et al. Elevated rates of autism, other neurodevelopmental and psychiatric diagnoses, and autistic traits in transgender and gender-diverse individuals. Nat Commun 2020;11:3959.

마. 치료

치료에는 ① 트랜스젠더를 시스젠더로 되돌리는 전환치료, ② 트랜스젠더에 대해 자부심을 가지도록 하는 확인치료(확인에 이어 성전환 시술을 해준다). ③ 동반 정신장애에 대한 치료 등을 포함한다.

1) 전환치료

시스젠더로의 전환치료(conversion therapy)가 가능하다. 앞서 말한 정신분석적 이론에 따라 정신역동적 치료는 무의식의 갈등과 상처 받았음에 대해 치료하는 것이다. 치료를 통해 새로운 건강한 방어기제를 사용하게 됨으로 규범적인 시스젠더로 회복하는 것이다.

2) 확인치료

미국의 학술단체들은 확인치료(affirmation therapy)를 강력히 권한다.[32] 즉 전환을 시도하지 말고 트랜스젠더로서 자부심을 가지고 적극적으로 대응하며 살라는 것이다. 대개 확인치료는 결국 성전환 시술로 이어지게 마련이다. 현대 의학은 사춘기 이전에는 사춘기 차단제 투여, 사춘기 이후에는 반대 성호르몬 투여, 그리고 성전환 수술 등을 표준치료로 권장한다.

---

32 American Psychological Association. Ethical principles of psychologists and code of conduct. 2010.

- 동반 정신장애 치료 - 우울증을 해결하면 성 정체성 장애도 해결할 수 있는 것이다. 그 반대로 정체성 문제를 해결하면 정신건강 문제도 좋아질 수 있다.

7

성전환 시술과 그 부작용

왜 몸의 성징들을 반대 성으로 바꾸기를 원하는가? 저자의 경험에 의하면 그들이 "내 몸이 싫다", 또는 "내가 남자인 것(또는 여자인 것)이 싫다" 등등 자신의 몸에 대한 강한 거부감(불쾌증)을 가지고 있었다. 그 이유로 말하는 것 중 하나는 "나의 현재 불행은 나의 섹스(몸) 때문이다. 이것을 바꾸면 나의 모든 문제가 해결될 것으로 믿는다.…" 그래서 "성 전환이 안된다면 죽는 수밖에 없다.…" 등등이었다. 이런 비현실적 기대의 경우, 수술 직후에는 만족해 하지만, 삶의 현실은 기대만큼 바뀌지 않은 수가 많다. 소아기 트랜스젠더가 증가함에 따라, "자기 결정권"에 근거하여 사춘기 차단제나 반대 성호르몬을 복용하는 소아청소년이 증가하고 있다.

① 사춘기 차단

사춘기 변화를 지연시키기 위해 9-10세 전후에 gonadotropin releasing hormone agonists (GnRHas) 또는 LHRH analogues를 투여한다. 사춘기가 끝날 때까지 지속한다. 위험이 없다고 하지만, 영구 불임의 위험이 있다.

② 반대 성 호르몬 투여

남자 몸을 갖고 싶어 하는 여자(FtM)에게 남성호르몬 테스토스테론을 투여하고, 여자 몸을 갖고 싶어 하는 남자(MtF)에게 여성호르몬 에스트로겐을 투여한다. 평생 투여해야 한다. 이렇게 함으로써 일부 인체는 원하는 방향으로 변화한다. 부작용은 영구불임, 심혈관장애, 대사장애, 암, 등이다. 따라서 정기적 검사가 필요하다.

한 연구에서 호르몬 치료를 받은 5천여명의 트랜스젠더를 1972년부터 2018년까지 50년간 추적하였다,[33] 추적 기간 동안 트랜스여성이 사망률은 일반 인구보다 사망률의 1.8배, 트랜스남성의 사망률은 일반 여성보다 1.8배 였다. 주 사망원인은 심혈관장애, 폐암, HIV-관련 장애, 자살 등등이었다, 자살이 많다는 것은 호르몬치료로 우울증 같은 정신건강이 호전하지 않는다는 의미이다.

---

[33] de Blok C et al. Mortality trends over five decades in adult transgender people receiving hormone treatment: a report from the Amsterdam cohort of gender dysphoria. The Lancet. Diabetes & Endicrinology. 2021;9(10):663-670.

③ 성전환 수술(sex reassignment surgery)

용모나 성징을 다른 성으로 변경하는 외과 수술이다. 이는 복잡하고 비싼 최고급 성형(미용) 수술이다. 다른 표현으로 젠더확인(gender affirmation) 수술, 생식기재건수술(genital reconstruction surgery, GRS) 등이 있다.[34]

여성화 성전환 수술로 남성 성기와 고환 제거, 유방 확대술, 인공 질 성형, 털 제거 등이 있다. 남성화 성전환 수술로 유방제거, 자궁 및 난소 제거, 음경을 만들기 위하여 인체의 다른 조직을 이식하거나(음경 재건술 Phalloplasty), 음핵을 키워 음경의 기능을 하는 수술(Metoidioplasty)을 하기도 한다. 환자는 단기적으로 만족한다. 그러나 장기적 부작용은 심각하다. 수술 후유증의 핵심은 영구 불임이다. 수술 부위의 감염이 있을 수 있다. FtM 환자에서 뚜렷한 흉벽 흉터가 발견된다. MtF 환자에서는 수술 후 질 유착, 직장-질 간 누공(rectovaginal fistula. 직장과 질 사이에 구멍이 생김), 요도 협착, 뇨 흐름의 변화 등 합병증이 발견되기도 한다. 이 부작용은 평생 치료하거나 예방해야 한다. 반대 성호르몬도 지속적으로 투여받아야 한다. 성전환 수술 후에도 우울증과 자살시도를 많이 보이고 삶의 질도 낮다. 특히 Female-to-males에서 남성 호르몬 투여에 의한 폭력과 범

---

34 여성화 성전환 수술로 남성 성기 제거 및 질 형성술, 유방 확대술, 자궁제거, 등의 수술을 받는다. 남성화 성전환 수술로 음경을 만들기 위하여 다른 조직의 세포를 이식하거나(음경 재건 Phalloplasty), 음핵을 키워 음경의 기능을 하는 수술(Metoidioplasty)을 하기도 한다.

죄율이 높다. 결정적으로 일반 인구에 비해, 수명의 약 20%가 단축됨이 발견되었다.

8

성전환은 가능한가?

한마디로 불가능하다. 인체를 구성하는 모든 세포의 성염색체들을 바꾸지 않는 한, 또한 남녀 성에 따라 차이가 나는 모든 세포의 단백질을 바꾸지 않는 한, 남녀 성은 달라지지 않는다. 성전환이라는 말은 거짓말이며, 성을 바꾼다는 환상을 심어줄 뿐이다. 의사들은 이 점에서 윤리적으로도 조심해야 한다.[35] 그래서 젠더주의자들은 "젠더확인수술"로 명칭을 변경할 것을 요구하고 있다. 성전환은 불가능하기에 네가 원하는 젠더가 되는 것을 확인해 주는 수술이라는 의미다.

일찍이 존스홉킨스 정신과의 주임교수였던 Paul McHugh 박사는

---

35 Levine DA. Committee On Adolescence. Office-based care for lesbian, gay, bisexual, transgender, and questioning youth. Pediatrics. 2013 Jul;132(1):e297-313.

젠더불쾌증을 신경성식욕부진증(anorexia nervosa) 또는 신체변형장애(body dysmorphic disorder)처럼 간주해야 한다고 주장한다.[36] 즉 젠더불쾌증은 신체에 대한 잘못된 인지/가정 (망상, 강박관념 등)에 의한 병들 중 하나이다. 따라서 치료는 수술이나 호르몬 투여처럼 신체로 향할 것이 아니라, 정신으로 향해야 한다고 주장한다. 비유하자면 성전환 시술은 비만 공포를 가진 섭식장애 환자를 지방흡입으로 치료하는 것과 같이, 궁극적으로는 효과가 없다.

가. 비윤리성

어린 나이에 성호르몬을 투여하는 것은, 비록 informed consent를 받는다고 하지만. 이는 비윤리적일 수 있다. (소아청소년은 판단력이 성인처럼 성숙하다고 볼 수 없다) 그런데 현재 미국 사회분위기는 윤리적 문제에 대한 토론마저 억압하는 상황이다.[37] 지난 6월 6일, 미국에서 "어린이들을 보호하는 의사들의 선언문"(Doctors Protecting Children Declaration)이 발표되었다.[38] 이 선언문의 핵심은 미국의 의사들이, 유럽의 의사들을 본받아, 트랜스젠더 어린이들과 청소년들

---

36 McHugh P. Transsexual Surgery isn't the solution. Wall Street Journal. June 12, 2014.
37 Cretella M. Gender dysphoria in childhood and suppression of debate. Journal of American Physicians and Surgeons. 2016;21(2):50-54.
38 https://doctorsprotectingchildren.org/

에게 성전환 시술을 하지 말도록 요청하는 것이다. 2024년 발간되 소위 Cass Review라는 보고서는 소아청소년들에 대한 성전환시술들이 극히 비윤리적이었음을 폭로하는 보고서였다.

나. 후회와 재전환(detransition)

성전환 수술을 후회하고 도로 이전으로 돌아가고 싶어 하고, 그래서 다른 사람에게 전환 수술을 말리는 활동을 하는 사람들이 나타나고 있다. 그리하여 다시 원래 젠더로 재전환(detransition)하고자 하는 사람들이 나타나고 있다.[39] The 2015 U.S. Transgender Survey에서 트렌스젠더, 젠더퀴어, 또는 non-binary 27,715명을 조사한 결과. 13.1%가 (일시적이라도) 한번 재전환했었다고 한다.[40] 재전환은 생물학적 남자, 비이원적 젠더, 양성애자 등에 많았다.

---

39 Batty D. Mistaken identity. Guardian. 31 Jul 2004.
40 Turban JL, et al. (2021). Factors Leading to "Detransition" Among Transgender and Gender Diverse People in the United States: A Mixed-Methods Analysis". LGBT Health. 8 (4): 273-280.

9 젠더주의(이데올로기)란 무엇인가?

가. 전통적 젠더주의(이데올로기)

　단순히 사회에서 전통적 남자와 여자의 적절한 역할, 권리, 및 책임에 대한 신념을 지칭하는 것이었다. 즉 남자는 생계를 책임짐으로 가장적 역할을 성취해야 하고, 여자는 가사와 자녀 양육을 통한 역할 완수를 강조한다. 따라서 성혁명가들이나 페미니스들은 이를 젠더불평등을 정당화하는 보수적 이데올로기라고 비판한다.

나. 평등주의적 젠더이데올로기

생계 책임과 양육적 가족 역할이 남녀간 동등하게 공유되는 것에 찬성한다.[41] 최근에 이르러 평등주의 젠더이데올로기는 모든 젠더(시스젠더, 트랜스젠더/젠더퀴어/제3의 젠더)와, 동성애 양성애, 무성애 등과 간성(intersex)의 사람들에 대한 평등 문제도 포함하고 있다. 이들은 흔히 LGBTQAI+ 등으로 표시하며, 성소수자들이다. (+ 표시는 그 이외에도 성적지향과 젠더정체성의 종류가 더 있다는 의미이다.) 지금 우리나라에서 차별금지법과 관련하여 논란이 되고 있는 젠더이데올로기는 평등주의적 젠더 이데올로기이다. 이는 현재 세계적인 젠더주류화(Gender Mainstreaming)로 나타나고 있다.

다. 젠더주류화(Gender Mainstreaming)

본래의 의미는 공공정책에 관한 하나의 개념으로, 입법이나 계획된 정책 시행에 있어 모든 영역이나 수준(직업, 정치, 섹슈얼리티, 문화, 폭력 등)에서 여자와 남자에 대한 차별적인 적용을 "평가"하고, 정책적으로 고용, 경제, 공포와 폭력으로부터의 자유, 어린이·노인 및 병든 자의 돌봄, 봉급자로서의 책임적 지위, 여가 등에서 기본적으로 "남녀 동등"을 지향하도록 하는 것이다.[42] 그런데 1999년부터 젠더에,

---

41 http://sociology.iresearchnet.com/sociology-of-gender/gender-ideology/
42 Gender and Development Network. 20 YEARS OF GENDER MAINSTREAMING: HOW CAN WE DO IT BETTER? March 09, 2015.

트랜스젠더가 포함되었다.

세계적으로 젠더 평등의 물결이 흐르면서, 2006년 성소수자 "인권운동가"들이 모여 성소수자에 대한 차별금지를 체계화하는 문서, 이른바 「욕야카르타 원칙」(The Yogyakarta Principles)이 작성되었다. 이 원칙들은 2017년 젠더표현(Gender Expression)의 개념이 확장되어, "복장, 헤어스타일, 액세서리, 화장 등을 포함한 신체 형태와 몸가짐, 발언, 행동 패턴, 태도(mannerism), 이름, 기호 등을 통한 개개인의 젠더를 드러내는 것에 대해, 각자의 젠더정체성과 부합할 수도, 부합하지 않을 수도 있다"라고 정의한다. 또한 간성인에게, 당사자의 동의를 받지 않은 성기 '교정' 수술로부터 보호받을 권리를 부여하고 있다. 또한 인터넷 규제를 통한 정부의 성소수자 박해를 반대하고 있다. 그러나 이 원칙은 임의적이며 국제적으로 강제성이 없는 것이다.

근래에 젠더 이데올로기의 내용은 더욱 확대되어, 여성의 성적 자기결정권, 생식할 권리, 동성혼, 동성커플의 양자들이기, 낙태할 권리, 대리모 생식기술, 포괄적 성교육, 등을 합법화 하는데까지 이르고 있다.[43] 즉 젠더주의는 여성에서 "모성"(母性 motherhood)을 가장 중요한 역할로 보는 신념을 배신한다.

2020년, 젠더 주류화가 시작된 지 20여년이 되면서 이 운동에 상호교차성이란 새 제안이 나오고 있다. 이는 여성의 문제가 다른 사회

---

[43] Toldy, T., Garraio, J. Gender Ideology: A Discourse That Threatens Gender Equality. In: Leal Filho, W., Azul, A., Brandli, L., Lange Salvia, A., Wall, T. (eds) Gender Equality. Encyclopedia of the UN Sustainable Development Goals. Springer, Cham. pp 1-11. 2020.

적 문제와 겹치는 경우를 말한다. 예컨대 여성문제가 인종문제, 민족문제, 도시·농촌문제, 고용문제(경제수준), 토착민여성, 다양한 젠더정체성들의 문제와 겹치는 경우이다. 또한 여성에도 레즈비언, 양성애자, 무성애자, 트랜스젠더, 퀴어여성 등이 포함된다. 예를 들어 흑인 레즈비언의 인권 문제는 이중 삼중으로 열악하다.

따라서 젠더이데올로기는 정치적으로 페미니즘, PC, Wokism 등 좌파사상과 맥을 같이 한다. 이들 정치사상은 다양성(diversity)과 평등(equality)과 포용(inclusion)을 주장하는 것이다. (흔히 DEI라 표기한다) 그리하여 성혁명 이래 여성 인권 운동과 여성 성해방 운동과 동성애자 등 성소수자 인권운동이 연대하여 왔던 것이다.

라. 비판

젠더이데올로기는 일부일처제라는 전통적 결혼제도에 반기를 드는 것이다. 그 목적은, 남자와 여자라는 양성(性)이라는 자연상태와 일부일처제의 결혼제도와 생물학적으로 주어진 남녀 각각의 사명과 역할과, 한 가정 안에서 부모가 갖는 역할 등등을 폐지하고, 무효화시키려는 것이다. 예를 들면 부모(양친) 대신, '양친1', '양친2' 같은 '중성 언어'를 사용하자고 주장한다. 즉 "새로운 사람"을 창조하여, 혁명적인 새로운 세계관을 만들어내려 하고 있다.

이렇게 전통적 가족체제를 파괴하려는 이유는 남녀 부모의 일부일처제 가족체제가 "성"을 억압한다고 보았기 때문이다. 성혁명은 억압되어온 성을 해방하는 혁명이며, 페미니즘은 여성의 몸과 섹스를 해방하자는 이데올로기다. 그래서 인류를 "억압해온" 전통적 기독교도 해체하려 하는 것이다. 문제는 기독교 내에 이 이데올로기에 동조하는 집단이 생겨나고 있다는 것이다.

그리하여 젠더 이데올로기를 비판하고 반대하는 국제적 차원의 운동인 반젠더운동(anti-gender movement)이 나타나고 있다. 페미니스트들 중 trans-exclusionary radical feminist(TERF)도 2016년 이래 반젠더운동에 가담하고 있다.

10 젠더주의의 배후의 정치와 이익집단

가. 정치

젠더주의(gender ideology)를 실현하려는 정치는 성정치(sex politics)라 한다. 성정치는 정체성 정치(identity politics)에 포함된다. 정체성 정치란 특정 성(젠더) 문제를 포함하여, 특정 종교, 특정 인종, 특정 장애, 기타 특정 사회적 배경 같은 "정체성"을 가진 사람들을 위한 정치이다.[44] 이는 1960년 및 1970년대 흑인인권운동, 여성운동, 내셔널리즘운동, 탈식민 민족운동 등으로 널리 알려졌다. 1980년대를 거치며, 정체성 정치는 가난한 계층, 환자/장애자 집단, 이민자, 소아

---

44 Vasiliki Neofotistos. Identity Politics. Oxford Bibliographies. Oxford University Press. 2013.

청소년, 식민주의 피해자 그리고 LGBTQ+와 간성자(intersex) 등등, 정치적으로 "억압받아 왔던 집단"에 초점이 맞춰졌다.[45] 그들은 정체성으로 인하여 고통받아 왔다고 보고, 이들을 억압에서 해방하여, 평등한 사회로 나아가도록 도와야 한다는 것이다.[46] 정체성 정치는 전통적이고 보편적인 정당정치와 상당히 다르며, 집단에 따라서도 의미가 다소 다르다. 정체성 정치 활동가들은 흔히 동맹을 형성하며 배타적인 정치를 한다. 2010년대 중반 이후 정체성 정치는 극단화되어가는 경향을 보이기 시작했다. 예를 들어, 2013년에 등장한 "Black Life Matter(BLM)" 운동은 흑인을 위한 정체성 정치 운동이다.

성정치는 성(섹스), 젠더, 성적지향, 등에서의 공유되는 집단 정체성을 기반으로 하는 정체성 정치이다. 성을 정치에 이용하기도 하고, 정치에 성을 이용하기도 한다. 현재 젠더이데올로기에 따라, 성정치는 "젠더주류화"라는 정책과 소수자들에 대한 차별금지를 목표로 하는 법제화 시도로 나타나고 있다. 현재 페미니스트들과 LGBTQI+옹호자들과 좌파 이념가들과 활동가들이 연대하여 젠더주류화를 추진하고 있다고 보여진다. 즉 LGBTQ+는 과거에 부당하게 억압을 받아왔으므로 이제라도 그들을 억압에서 해방할 뿐 아니라 (이 "해방"이론은 막시즘과 공통된다.) 더 이상 차별과 혐오를 하지 말 뿐 아니라, 가능하면, 평등을 넘어 그 이상으로 법적, 복지적 및 의료적 처우를 해

---

45 Calhoun, C (Ed.), Social Theory and the Politics of Identity》. Blackwell. 1994.
46 Crenshaw K. Mapping the Margins: Intersectionality, Identity Politics, and Violence against Women of Color. Stanford Law Review.1991;43(6):1241-99.

주어야 한다는 것이다. 성정치가들과 성혁명가들의 궁극적 목표는, 성적 혼란을 일으켜, 기독교 전통에 기반한 전체 사회의 체계를 붕괴시켜, 그 혼란을 틈타, 정치적 헤게모니를 얻는 것이다.

나. 이익 집단

젠더이데올로기와 성정치에서 이익을 보는 집단은 누구일까?

우선 가장 먼저 LGBTQI+ 당사자들에 이익이 될 것이다.

의료인에게도 이익이 있을 수 있다. 사춘기 차단제를 시작하면 사춘기 끝날 때까지 계속해야 한다. 반대성 호르몬도 평생 투여해야 한다. 의사들과 약사들은 꾸준히 돈을 벌 수 있다. 성전환수술은 고난도의 매우 비싼 성형 수술이다. 위험도 따르지만, 수술의사는 돈을 번다. 성전환을 원하는 트랜스젠더가 많으면 많을수록 돈을 많이 번다. 의료보험회사들도 마찬가지이다. 제약회사는 거대 기업으로 성호르몬은 물론 피임약과 낙태약, 성병 치료제 그리고 성욕과 성기능을 증진하는 약물, 심지어 쾌락을 증진하는 약물을 개발하여 "신약"으로 판매함으로 큰 이익을 볼 수 있다. 또한 이런 약물들을 많이 팔기 위해 의료인들에게 금전적 이익을 주려고 할 것이다.

섹스산업도 이익을 볼 수 있다. 클럽운영, 포르노 산업, 각종 섹스토이들을 생산하는 산업이 이익을 볼 수 있다. 불륜, 포르노, 동성애, 트랜스젠더, 등을 소재로 하는 소셜 미디어들이 이익을 볼 것이다. 그 내용이 자극적이고 급진적일수록 클릭 수가 증가하여 더 큰 이익을 볼 것이다.

  성해방과 젠더이데올로기를 옹호하는 정치가들이 정치적 헤게모니를 획득할 수 있을 것이다. 그들이 정권을 잡으면 경제적 이득을 볼 수 있을 것이다. 이렇게 아마도 젠더이데올로기를 추구하는 사람들은 서로의 이익을 위해 상부상조하는 조직을 만들 수도 있을 것이다.

11 맺는 말

　60년대 프리섹스의 성혁명 이후 60여 년이 지나는 동안, 그 주류는 LGBT의 정상화(normalization)와 젠더주류화 (gender mainstreaming)가 되고 있다. 성혁명과 젠더이데올로기는 우리나라에서도 수천년 동안의 전통인 일부일처제적 가족체계를 해체하려 한다.

　성혁명은 "쾌락의 폭군적 지배"(tyranny of pleasure)를 불러왔다. 성욕과 프리섹스와 오르가즘이 새로운 우상이 되었다. 사회 전체적으로 인권, 해방, 그리고 권위와 억압의 제거가 중요시되어 졌는데, 그것이 지나쳐서 PC, Wokism으로 발달하면서 오히려 신앙과 언론의 자유가 제한되는 사태에 이르고 있다. 그리고 여전히 성적 방탕은 과거처럼 권력과 돈에 의한 부패와 연결되어 맹위를 떨치고 있다.

성해방이 기독교를 반대하고 성본능과 성적 쾌락을 우상시하며, 막시즘과 밀접히 관련된다는 점에서 이탈리아의 가톨릭계 철학자인 아우구스토 델 노체(Augusto Del Noce 1910-1989)는 성혁명을 집단방탕주의(libertinism)라 규정하고, "정신적-성애적-막시스트-탈기독교화"(psycho-erotic-marxist-dechristianization)로 요약하였다.

"생육하고 번성하라"(be fruitful and multiply)는 기독교의 교훈은 도전받고 있다. 자연히 이러한 혁명을 저지하려는 최전선도 역시 기독교이다. 그러나 성혁명은 조만간 심판받을 것이다. 이미 수많은 부작용들이 나타나고 있으나, 사람들은 외면하고 있다. 흔히 하나님의 창조섭리는 경험적으로 입증될 수 없다고 말하나, 의과학은 프리섹스의 문제점과 LGBTQ+의 질병임을 증거하고 있다.

크리스천의 태도

성혁명과 젠더이데올로기의 물결을 막기 위해 우리는 성경으로 돌아가야 한다.

첫째, 우리가 먼저 개인적으로 하나님 앞에 정결하고 거룩해야 한다.

둘째, 우리는 일부일처제적 가족체계를 지킬 뿐 아니라 그 가족이 신체적으로나 정신적으로 '건강'하도록 해야 한다.

셋째, 교회가 유지되어야 한다. 교회는 타락한 세상 속에서 정결을 유지해야 한다. 그리고 선지자처럼 세상에 대해 마땅히 말할 것을 말해야 한다.

넷째, 차세대가 신앙을 지키고 기독교적 가치체계를 유지하도록 가르쳐야 한다. 해외선교도 중요하지만 이제 우리의 자녀, 차세대에 대한 전도가 중요하다.

"너희 마음에 그리스도를 주로 삼아 거룩하게 하고, 너희 속에 있는 소망에 관한 이유를 묻는 자에게는 대답할 것을 항상 준비하되 온유와 두려움으로 하고."(벧전 3:15) 또한 "마땅히 행할 길을 아이에게 가르치라 그리하면 늙어도 그것을 떠나지 아니하리라" (잠언 22:6)

끝으로 LGBTQ 사람들을 정죄하거나 거부하는 것으로 그치기보다, 예수의 이름으로 변화시켜야 한다. 성경도 차별금지, 평등, 관용 등을 교훈하신다. 더구나 예수님의 새 계명은 "사랑하라"는 것이다. 그러나 한편 성경은 우리가 그들에게 죄는 죄라고 말해주고 회개하고 벗어나도록 인도할 것을 요구하신다. 이에 대해 우리는 죄는 미워하되, 사람은 사랑하라는 의미로 받아들인다. 우리의 사랑은, 그들이 죄에 머물러 있게 인정해 주기보다는, 그리스도에게로 돌아오도록 하는 것으로 표현되어야 한다고 믿는다.

9
성적지향과 젠더정체성에 관한 법령의 문제점

지영준(변호사)

법의 체계는 헌법-법률-명령-규칙의 단계를 갖는다. 우리 헌법은 '성별'에 대한 차별을 금지하고 '양성 평등'의 이념을 규정하고 있다. 그런데 국가인권위원회는 '성별'을 '젠더(gender)'라는 의미로, '성적지향'은 '성 정체성(gender identity)'을 포함하는 개념으로 사용한다. 2015년 양성평등기본법에 '성주류화 조치, 성평등 관점'이라는 용어가 들어오게 되었다. 그러나 남녀 이외 제3의 성을 인정하는 젠더평등 또는 성 평등(gender equality)은 양성평등의 이념을 규정한 헌법에 반하는 것이다.

1
법의 체계와 젠더정체성 및 성적지향의 법제화 시도

가. 법의 체계

　법의 체계는 헌법-법률-명령-조례-규칙의 단계를 갖는다.[1] 헌법은 국가의 근본이 되는 최고의 효력을 갖는 법원(法源)이고, 법률은 국회가 제정하는 규범이며, 명령은 국회의 위임을 받아 행정권에 의하여 정립되는 대통령령, 총리령, 부령이 있고, 그 외 대법원규칙, 헌법재판소 규칙 등도 여기에 포함된다. 조례는 지방자치단체가 제정한 규정이며, 그 외 행정규칙은 행정의 조직과 활동을 규율하는 일반적 추상적 규율이다.

1　손종학·최윤석·김권일, 쉽게 읽는 입법과 법해석(박영사, 2021), 만드는 법 푸는 법, 3쪽

법치주의에서 법의 체계라는 것은 하위 법령은 상위 법령에 위반될 수 없다는 것이다. 헌법을 최고규범으로 하여, 법률은 헌법에 위반될 수 없고, 명령은 헌법과 법률에 위배되어서는 아니된다. 그리고 이를 담보하기 위하여 우리 헌법은 위헌법률심사제도를 두고 이를 헌법재판소가 관할하도록 하고 있으며, 명령·규칙 위헌위법 심사제도를 두고 대법원이 이를 최종적으로 심사할 권한을 갖도록 하고 있다(헌법 제107조제2항, 제111조제1항제1호).

나. 헌법상 양성평등과 법률

우리나라 「헌법」 제11조 제1항은 '모든 국민은 법 앞에 평등하다. 누구든지 성별·종교 또는 사회적 신분에 의하여 정치적·경제적·사회적·문화적 생활의 모든 영역에 있어서 차별받지 아니한다'고 하고 있고, 제36조 제1항은 "혼인과 가족생활은 개인의 존엄과 '양성평등'을 기초로 성립되고 유지되어야 하며, 국가는 이를 보장한다."고 규정하고 있다. 이러한 헌법의 남녀평등 이념을 실현하기 위하여, 「여성발전기본법」(1995.12. 30. 법률 제5136호로 제정)이 제정되었는데, 이후 「양성평등기본법」(2014. 5. 28. 법률 제12698호)으로 전부개정되었다. 또한, 헌법의 남녀평등이념을 구현하기 위하여 「남녀고용평등과 일·가정 양립 지원에 관한 법률」(약칭: 남녀고용평등법), 구「남녀 차별금지 및 구제에 관한 법률」이 있다.

다. 양성평등기본법과 성주류화 정책

현행 「양성평등기본법」(2014. 5. 28. 법률 제12698호로 전부개정되고, 2015. 7. 1. 시행된 것)은 제1조에서 "이 법은 「대한민국헌법」의 양성평등 이념을 실현하기 위한 국가와 지방자치단체의 책무 등에 관한 기본적인 사항을 규정함으로써 정치·경제·사회·문화의 모든 영역에서 양성평등을 실현하는 것을 목적으로 한다"고 선언하고 있다. 그리고, 「양성평등기본법」 제3조 제1호는 이 법에서 사용하는 용어에 대해, "1. "양성평등"이란 성별에 따른 차별, 편견, 비하 및 폭력 없이 인권을 동등하게 보장받고 모든 영역에 동등하게 참여하고 대우받는 것을 말한다"고 명확히 정의하고 있다. 그런데 앞서 본 바와 같이 「여성발전기본법」이 「양성평등기본법」으로 전부 개정되면서, '양성평등'이라는 용어에 더하여 '성평등'이라는 용어가 등장하면서, '양성평등'에 대한 도전이 시작되었다.

2

국가인권위원회법상
성별(sex)과 젠더(gender), 그리고 성적지향

한편, 2001. 5. 24. 법률 제6481호로 제정된 「국가인권위원회법」 제30조제2항은 '평등권침해의 차별행위'를 정의하면서 18가지의 사유를 열거하면서 '성별, 성적(性的) 지향'을 열거하고 있다. 당시 입법자들은 생소한 '성적(性的) 지향'의 의미조차 몰랐다고 한다. 이후 2011. 5. 19. 법률 제10679호로 개정되면서 '평등권 침해의 차별행위'의 정의 규정을 제2조 제3호로 이동하였고, 현재는 19가지의 차별금지사유를 규정하고 있다.[2]

---

2   그 외 법률로는 「형의 집행 및 수용자의 처우에 관한 법률」(2007.12.21. 전부개정) 제5조, 「군에서의 형의 집행 및 군수용자의 처우에 관한 법률」(2009.11.2. 전부개정) 제6조, 「예술인의 지위와 권리의 보장에 관한 법률」(2021.9.24. 제정) 제8조는 '성적(性的) 지향'등을 이유로 차별받지 아니한다고 규정하고 있다.
그 밖에 경찰수사규칙 제2조, 군사법경찰 수사규칙 제2조, 인권보호수사규칙 제4조, 해양경찰수사규칙 제2조에도 '성적(性的) 지향'을 열거하고 있다.

그런데 국가인권위원회는 '성별'의 의미는 '생물학적 차원 (sex) 뿐만 아니라 사회문화적 차원 (gender) 으로도 이해되어야 할 것이다'라고 한다고 하면서, 차별판단지침(2008)에서는 「국가인권위원회법」상의 '성별'이란 젠더(gender)를 의미한다고 하고 있다.[3,4,5,6]

한편 '성적지향'의 의미에 대해, 논자들은 ① 최협의로는 '다른 사람을 향하는 지속적인 정서적, 낭만적, 성적, 감정적인 끌림(성적선호)'으로, ② 협의로는 '내면의 성적 선호(끌림) 및 그 선호하는 대상자와의 성적 행위·관계'로, ③ 광의로는 '성 정체성(gender identity)'까지 포함하는 개념으로 사용될 수 있다고 한다. 이에 대해 국가인권위원회는 "한국은 2001년 「국가인권위원회법」에 차별금지사유 중 하나로 '성적지향'이 규정되었고, 젠더정체성을 이유로 한 차별도 '성별'에 의한 차별로 해석되어 왔다"고 하고 있다.[7]

그런데 21대 국회에서 발의된 「차금법안」에서는 "성적지향"이란 '이성애, 동성애, 양성애 등 감정적·호의적·성적으로 깊이 이끌릴 수

---

3 국가인권위원회_자료공간_인권교육기본용어_성차별 : 성차별은 성별을 이유로 한 차별을 뜻한다. 즉, 성별과 관련하여 특정 성을 우대, 배제, 구별하거나 불리하게 대우하는 것을 말한다. 성별의 의미는 생물학적 차원 (sex) 뿐만 아니라 사회문화적 차원 (gender) 으로도 이해되어야 할 것이다. 성별과 관련한다는 것은, 남성이라는 이유로, 여성이라는 이유로, 남성과 여성이 다르다는 이유로, 성별이분법에 속하지 않는다는 이유로 등의 여러 의미가 포함된 것이다.
4 국가인권위원회법 해설집(2005.12.), 277쪽, 국내외에서 '성별'의 의미는 세 가지로 논의되고 있다. 하나는 생물학적인 의미의 성(sex), 두 번째는 사회문화적 성(gender), 세 번째는 성적인 의미의 성(sexuality).
5 국가인권위원회의 차별판단지침연구 태스크포스, 차별판단지침(2008), 61쪽
6 이러한 점은 '트랜스젠더(trans-gender)'를 성소수자로 보아 성전환자 성별 변경 사건을 '성적지향'사건으로 분류하고 있는 국가인권위원회의 실무에서도 엿볼 수 있다고 한다(06진차525·06진차673병합, 2008.8.25.).

있고 친밀하고 성적인 관계를 맺거나 맺지 않을 수 있는 개인의 가능성을 말한다'고 하고, "젠더정체성"이란 '자신의 성별에 관한 인식 혹은 표현을 말하며, 자신이 인지하는 성과 타인이 인지하는 성이 일치하거나 불일치하는 상황을 포함한다'고 정의하였다.

---

7   국가인권위원회_자료공간_인권교육기본용어_성적지향과 젠더정체성 :
성적지향 (sexual orientation) 은 개인이 성적으로 또는 정서적으로 누군가에게 끌리는 지에 관한 것이다. 이성애는 자신과 다른 성별에게 끌리는 것을 뜻하고, 동성애는 자신과 같은 성별에게 끌리는 것을 뜻한다. 양성애는 동성과 이성 모두에게, 범성 애는 상대의 성별에 무관하게 끌리는 것이며, 성적 끌림을 느끼지 않는 것이 무성애다. 젠더정체성 (gender identity) 은 개인이 자신을 어떠한 성별로 인지하고 살아가는 지를 뜻하는 것이다. 젠더정체성은 출생 시에 지정된 성별과 같을 수도 있고 다를 수도 있는데, 지정 성별과 다른 성별을 가졌다고 인지하는 사람이 바로 트랜스젠더다.

3

성평등 또는 젠더평등을 명시하고 있는 법률

한편, 2014. 5. 28. 법률 제12698호로 전부 개정된 「양성평등기본법」 제14조는 국가와 지방자치단체에게 '성 주류화 조치'를 취할 의무와 성 주류화 조치의 실효성을 높이기 위하여 다양한 방법과 도구를 적극 개발할 것을 규정하기에 이르렀다. 그런데 이러한 '성 주류화'는 영문 'Gender Mainstream'이며, 성 주류화 조치는 '성평등 관점', 즉 Gender Equality 관점을 통합하는 조치라는 것이다.[8]

---

8 국가인권위원회_자료공간_인권교육기본용어_성 주류화 : 성 주류화 (gender mainstreaming) 는 성 불평등이 여성의 문제가 아니라 구조화된 성별 권력관계에 기초하는 것이라는 문제의식을 바탕으로 한다. 성 주류화는 정치, 사회의 모든 영역에서 여성과 남성 사이에 지위와 역할, 자원이 불평등하게 분배 되어 있는 상황과 그 효과를 분석하고 궁극적으로 불평등한 젠더 관계의 변화를 추구하는 것이다. 성 주류화는 여성을 대상으로 하는 정책에서 벗어나 모든 정책과 사회구조에서 젠더 관점을 통합함으로써 젠더 불평등이 유지·재생산되는 구조를 전환하고자 하는 성평등 전략이다.

나아가, 「양성평등기본법」제15조 제1항, 제2항은 "① 국가와 지방자치단체는 제정·개정을 추진하는 법령과 성평등에 중대한 영향을 미칠 수 있는 계획 및 사업 등이 성평등에 미치는 영향을 분석·평가하여야 한다. ② 성별영향분석평가의 대상·방법·시기 등에 필요한 사항은 따로 법률에서 정한다"고 규정하고 있다.

그리고 「양성평등기본법」제19조는 '국가성평등지수 등'을 규정하면서, "① 여성가족부장관은 국가의 성평등수준을 계량적으로 측정할 수 있도록 성평등한 사회참여의 정도, 성평등 의식·문화 및 여성의 인권·복지 등의 사항이 포함된 국가성평등지표를 개발·보급하여야 한다. ③ 여성가족부장관은 제1항에 따른 국가성평등지표를 기초로 지역의 특성을 반영한 지역성평등지표를 개발·보급하고, 지역성평등지표를 이용하여 지역의 성평등 정도를 지수화한 지역성평등지수를 매년 조사·공표하여야 한다"고 규정한다.

다른 한편, 이미 2011. 9. 15. 법률 제11046호로 「성별영향분석평가법」이 제정(2012. 3. 16. 시행)되었는데, 제1조에서 "법은 국가 및 지방자치단체의 정책에 대한 성별영향분석평가에 관하여 기본적인 사항을 정하여 정책의 수립과 시행에서 성평등을 실현하는 것을 목적으로 한다"고 규정하고 있고, 제2조에서 "'성별영향분석평가'란 중앙행정기관의 장 및 지방자치단체의 장이 정책을 수립하거나 시행하는 과정에서 그 정책이 성평등에 미칠 영향을 분석평가하여 정책이 성평등의 실현에 기여할 수 있도록 하는 것을 말한다"고 정의하고 있었다. 그리고 위 법 제3조 제1항은 '국가 등의 책무'를 규정하면서, "국가와 지방자치단체는 정책을 수립·시행함에 있어 성평등이 확보되도록 대책을 강구해야 한다"고 규정하고 있다.

4 성평등 또는 젠더평등을 명시하고 있는 법률

그리고 「양성평등기본법」 제30조 제2항은 "② 국가와 지방자치단체는 관계 법률에서 정하는 바에 따라 성폭력·가정폭력·성매매 범죄의 예방을 위하여 교육을 실시하여야 하고, 각 교육과 제31조에 따른 성희롱 예방교육을 성평등 관점에서 통합하여 실시할 수 있다"고 규정하고 있다.

이는 종래 「여성발전기본법」이 2013. 8. 13, 법률 제12080호로 일부 개정되면서, "폭력·가정폭력·성매매 범죄의 예방교육을 '성평등 관점'에서 통합하여 실시할 수 있다"는 규정을 신설하면서, 비롯된 결과로 보인다.

여성발전기본법 [법률 제9126호, 2008. 6. 13, 일부개정]	여성발전기본법 [법률 제12080호, 2013. 8. 13, 일부개정]
제25조 (성폭력과 가정폭력 예방) ① 국가와 지방자치단체는 관계 법률로 정하는 바에 따라 성폭력범죄를 예방하고 피해자를 보호하여야 한다. ② 국가와 지방자치단체는 관계 법률로 정하는 바에 따라 가정에서 발생하는 폭력을 예방하고 피해자를 보호하여야 한다.	제25조(성폭력·가정폭력·성매매 범죄의 예방) ① 생략 ② 국가와 지방자치단체는 관계 법률에서 정하는 바에 따라 성폭력·가정폭력·성매매 범죄의 예방을 위하여 교육을 실시하여야 하고, 각 교육과 제17조의2에 따른 성희롱 예방교육을 성평등 관점에서 통합하여 실시할 수 있다. <개정 2013.8.13>

또한, 「성폭력방지 및 피해자보호 등에 관한 법률」(약칭: 성폭력방지법) 제5조 제1항은 "국가기관 및 지방자치단체의 장, 「유아교육법」 제7조에 따른 유치원의 장, 「영유아보육법」 제10조에 따른 어린이집의 원장, 「초·중등교육법」 제2조에 따른 각급 학교의 장, 그 밖에 대통령령으로 정하는 공공단체의 장은 대통령령으로 정하는 바에 따라 성교육 및 성폭력 예방교육 실시"할 것을 규정하고 있는데, 제5조 제2항은 "② 제1항에 따른 교육을 실시하는 경우 「성매매방지 및 피해자보호 등에 관한 법률」 제4조에 따른 성매매 예방교육, 「양성평등기본법」 제31조에 따른 성희롱 예방교육 및 「가정폭력방지 및 피해자보호 등에 관한 법률」 제4조의3에 따른 가정폭력 예방교육 등을 성평등 관점에서 통합하여 실시할 수 있다"고 규정하고 있다.

그리하여 「가정폭력방지 및 피해자보호 등에 관한 법률」(약칭: 가정폭력방지법) 제4조의3 제2항의 '가정폭력 예방교육', 「성매매방지 및 피해자보호 등에 관한 법률」(약칭: 성매매피해자보호법) 제5조 제2항의 '성매매 예방교육'도 마찬가지로 '성평등의 관점'에서 통합하여 실시할 수 있도록 하고 있다.

한편, 2018. 12. 24. 법률 제16086호로 제정된 「여성폭력방지기본법」(약칭: 여성폭력방지법) 제19조 제2항은 "국가와 지방자치단체는 관계 법률에서 정하는 바에 따라 여성폭력 예방교육을 양성평등 관점에서 통합적으로 실시할 수 있다"고 규정하고 있다.

5

지방자치단체의 조례와 성평등 또는 젠더평등

다른 한편, 지방자치단체 조례 중에는 '양성평등 기본조례'라고 하지 않고, 「성평등 기본조례」를 제정한 곳이 있다. 예컨대, 경기도, 광주광역시 등이 이에 해당하고, 기초자치단체로는 경기 고양시, 안산시 등이다.

이 중, 예컨대 「경기도 성평등 기본조례」(2018. 10. 1. 경기도 조례 제5935호로 일부 개정된 것)는 제2조에서 "'성평등'이란 성별에 따른 차별, 편견, 비하 및 폭력 없이 인권을 동등하게 보장받고 모든 영역에 동등하게 참여하고 대우받는 것을 말한다"고 규정한다. 그리고 같은 조례 제17조는 "도지사는 기획조정실장을 '양성평등정책책임관'으로 지정하고 도의 양성평등정책 추진 담당 팀장을 '양성평등정책전담전문인력'으로 지정한다"고 하고 있다.

이와 같이 「경기도 성평등 기본조례」는 '성평등'을 '양성평등'과 같은 개념으로 사용하고 있는 듯하다.

그리고 구 「서울특별시 성평등 기본 조례」(2012. 7. 30. 일부개정되고, 2024. 7. 15. 「서울특별시 양성평등 기본조례」로 전부개정되기 전의 것)는 제2조에서 "1. "성평등"이란 정치, 경제, 사회, 문화 등 모든 영역에서 성별을 이유로 한 차별을 없애고 동등한 참여와 대우를 보장하는 것을 말한다. 3. '성주류화(性主流化)'란 법규, 정책, 예산, 제도 등의 영역에서 성별에 따른 차이와 특성을 고려하여 시정 전반에서 성평등을 이루는 것을 말한다"고 하고 있다. 그리고, 2017. 9. 21. 개정된 「서울특별시 성평등 기본 조례」(2017. 9. 21. 서울특별시조례 제6637호로 일부개정된 것) 제13조는 제1항은 "시장은 시정 전반에 성인지 강화 및 성주류화 확산을 위하여 성평등 정책을 전담하는 '젠더자문관'을 둔다"는 규정을 신설하였다. 이러한 '젠더자문관'은 「양성평등기본법」제13조 또는 「경기도 성평등기본조례」제17조가 '양성평등정책책임관'을 두도록 한 것과 차이가 있다.

6

서울 학생인권조례와 젠더정체성 또는 성별정체성

앞서 본 바와 같이 「양성평등기본법」 제14조의 '성 주류화 조치'는 영문으로 "Gender Mainstream"이며, 성 주류화 조치는 '성평등 관점', 즉 Gender Equality 관점을 통합하는 조치라는 것으로, 법률에서 '젠더(Gender)'라는 개념이 사용될 수 있는 길을 열어 두게 된 것이다. 심지어 서울특별시는 2024. 7. 15. 종래 서울특별시 「성평등 기본조례」를 「양성평등 기본조례」로 전부 개정하면서도, 개정조례 제13조는 '젠더전문관'을 운영하고 있다.

한편, 학생인권조례는 2010. 10. 5. 경기도(경기도 조례 제4085호)에서 최초 제정·시행되고, 이후 광주, 서울, 전북 등에서 제정되었다. 이러한 학생인권조례는 차별받지 않을 권리를 규정하면서 차별금지사유 중 하나로 '성적지향'을 열거하였다. 그런데 성적지향 외에 '젠더정체성'이 조례로 들어오게 된 것은 2012. 1. 26. 제정된 「서울특별시 학생인권조례」에서 처음 시도되었다(제5조). 이후 2020. 7. 10., 제정된 「충청남도 학생인권조례」에서도 '젠더정체성, 성적지향'을 차별금지 사유로 규정하였다(제15조제2항).

여기서 "성적지향"이란 '이성애, 동성애, 양성애 등 감정적·호의적·성적으로 깊이 이끌릴 수 있고 친밀하고 성적인 관계를 맺거나 맺지 않을 수 있는 개인의 가능성'을 말하고, "젠더정체성"이란 '자신의 성별에 관한 인식 혹은 표현을 말하며, 자신이 인지하는 성과 타인이 인지하는 성이 일치하거나 불일치하는 상황을 포함한다'고 정의된다는 것은 앞서 차금법안에서 보았다. 그런데 「교육기본법」 제17조의2 제1항, 제3항은 국가와 지방자치단체는 '양성평등의식'을 증진하기 위하여 '양성평등교육'을 체계적으로 실시하여야 한다고 규정하고 있다.

7

유엔(UN) 사회권규약위원회의 일반논평에서 언급된 성적지향과 젠더정체성

국제조약으로 「경제적·사회적 및 문화적권리에 관한 국제규약」(A규약) 제2조 제2호는 "이 규약의 당사국은 이 규약에서 선언된 권리들이 인종, 피부색, 성, 언어, 종교, 정치적 또는 기타의 의견, 민족적 또는 사회적 출신, 재산, 출생 또는 기타의 신분등에 의한 어떠한 종류의 차별도 없이 행사되도록 보장할 것을 약속한다."고 규정하고 있다. 그런데 유엔(UN)의 조약감시기구인 사회권규약위원회(CESCR)는 차별금지 조항에 대한 해석 지침인 일반논평 제20호(2009년)에서 "사회권규약에서 명시한 인종·피부색, 성별, 언어, 종교, 정치적·기타 견해, 출신국가 또는 배경, 재산, 출생 '이외'에 장애, 연령, 국적, 혼인·가족상태, 성적지향·젠더정체성, 건강상태, 거주지, 사회경제적 상황 등도 차별금지 사유로 인정하며 규약을 해석·적용한다는 것이다. 특히 사회권규약위원회는 2009년 일반논평 제20호에서 '성적지향·젠더정체성'이 사회권 규약상의 차별금지 사유 중 '기타의 신분'에 포함된다고 한 것이다.

이에 대해 제64차 UN 총회(2009)는 65th회의(아젠더 아이템69)에서, "2009년 조약감시기구인 사회권규약위원회(CESCR)가 일반논평 제20호에서 '성적지향과 젠더정체성'이 차별금지 사유 중 '기타 사유에 포함된다'고 한 것에 대해, '일반논평 제20호를 환영한다"는 문구를 삭제한다는 결의안을 채택하였다. 아랍그룹의 개정 요청은 "일반논평 20 paragraph 10이 '성적지향'과 '성정체성' 문제를 다루고 논쟁을 불러일으키는 개념을 포함하기 때문인데, 그 내용은 개인의 성적 취향(preference 선호)에 관한 권리를 나타낸다. 그것은 다른 사람에 대한 부정적인 차별로 이어질 수 있고, 남성과 여성 간 평등을 이룩하려는 노력뿐만 아니라 인종, 피부색 그리고 종교에 근거한 차별을 없애려는 노력에 역행한다. 인권에 관해 국제적으로 합의된 기구(instruments)가 부정확하고 비정상적인 방식으로 해석되어서는 (받아들여져서는) 안됨을 매우 명백히 하는 것이 다른 무엇보다도 중요하다"는 것이다.

8

대법원의 사무처리 지침과 성전환자의 성별정정

　대법원 2022. 11. 24. 자 2020스616 전원합의체 결정과 대법원 2011. 9. 2. 자 2009스117 전원합의체 결정은 모두 대법원 2006. 6. 22. 자 2004스42 전원합의체 결정의 법리를 원용하고 있다. 대법원은 2006. 6. 22. 자 2004스42 전원합의체결정 이래 성별정정을 허가하기 위해서는 '성전환자의 외부성기의 형성'을 요건으로 하였던 것이며, 2006. 9. 6. 제정된 대법원예규[사무처리지침]도 이를 반영하여 제정되었다. 대법원 2006년 결정은 일반 법리로 '성(性)의 결정과 성전환자의 성'에서 "일반적인 의학적 기준에 의하여 성전환수술을 받고 반대성으로서의 외부성기를 비롯한 신체를 갖추고"라고 명시하고 있다.

　그리고 2020. 2. 21 개정된 대법원의 「성전환자의 성별정정허가신

청사건 등 사무처리지침」 가족관계 등록예규 제550호, 현행[사무처리지침]은 "성전환자가 가족관계등록부의 성별란에 기록된 출생당시의 성(性)을 전환된 성(性)으로 변경하기 위하여 「가족관계의 등록 등에 관한 법률」 제104조에 따라 등록부정정허가신청을 하는 경우에 필요한 사항"을 정하기 위함이다(제1조).

현행 사무처리지침은 '2019. 8. 19. 가족관계등록예규 제537호'와 비교하면, 개정이유는 '법원이 재판으로 결정할 사항에 관하여 일정한 판단기준을 제공하는 것으로 오인할 우려가 있는 조항을 수정하거나 삭제'하기 위한 것으로, 주요내용은 ① 법원이 심리를 위하여 필요한 경우에는 신청인에게 참고서면을 제출하게 할 수 있도록 하고(제3조 제1항 및 제2항), ② 법원이 심리에 참고하기 위하여 조사할 수 있는 사항을 정하며(제6조), ③ 허가결정의 효력에 관한 규정을 삭제(제7조제2항)한다는 것이다. 위와 같이 종래 '첨부서류'(제3조)를 '참고서면'으로, '조사사항'(제6조)을 '참고사항'으로 개정하였다.

9

국가인권정책(NAP)과 학교교육에서 성적지향과 젠더정체성

　법무부는 인권과 관련된 법·제도·관행의 개선을 목표로 하는 5개년 단위의 범국가적 종합계획인 국가인권정책기본계획(National Action Plan for the Promotion and Protection of Human Rights : NAP)을 수립하고 있다. 인권NAP는 세계인권선언 45주년을 맞은 1993년, 오스트리아 비엔나에서 열린 유엔 주최 세계인권회의에서 만장일치로 채택된 '비엔나 선언 및 행동계획' 제71조의 권고에 따라 탄생하였으며, 우리나라는 2003년 정부기관 합의에 따라 인권위가 권고안을 작성하고 정부가 이에 기초해 인권NAP를 수립하고 있다는 것이다. 이에 정부는 2007년 '2007-2011 제1차 국가인권정책기본계획', 2012년 '2012-2016 제2차 국가인권정책기본계획', 2018년 '2018-2022 제3차 국가인권정책기본계획'을 수립하여 시행하고 있다.

정부가 제4차 인권 NAP 수립하기에 앞서 국가인권위원회는 향후 5년간(2023-2027년) 시급히 해결하거나 집중적으로 개선해야 할 100개의 핵심 인권 과제를 선정하고 시급히 해결하거나 집중적으로 개선해야 할 100개의 핵심 인권 과제를 선정하였다. 이후 법무부가 공개한 제4차 국가인권정책종합계획(인권NAP)안에는 여성가족부 외에도 여러 행정기관에서 부처별 실행목표로 여전히 '성평등'이라는 용어를 사용하고 있는데, 예컨대 경찰 내의 성평등 정책으로 '성희롱·성폭력에 대한 인식개선 및 성평등 문화조성'을 추진한다는 것이다. 그리고 경찰청 훈령으로 '경찰 성평등 운영 및 지원에 관한 규칙(경찰청 훈령 제974호, 2020. 7. 23. 제정)을 두고 있다.

한편, 교육부 2022 개정 교육과정 개발시안을 보면 고등학교 보건의 성취기준해설[12보건03-01]에는 "성의 개념을 생물학적 성(sex), 사회·문화적 성(gender), 총체적인 성(sexuality) 등으로 비교·이해하도록 한다."라고 하고 있었다. 이에 대해 국가교육위원회는 제6차 회의 (2022. 12. 14.)에서 "보건 과목 등의 '섹슈얼리티'용어는 삭제한다"라고 의결하였다. 그러나 여전히 성의 개념에 '사회·문화적 성(gender)'을 포함시켜 교육한다는 것이다.

10

법의 체계와 '성적지향' 및 '젠더정체성'의 문제점

요컨대, 우리 헌법 제11조 제1항은 차별금지사유로 '성별'을 예시하고 있다. 그리고 세계인권선언 제2조, 「시민적 및 정치적 권리에 관한 국제규약 (B규약)」제2조, 제4조, 제24조, 제26조 및 「경제적·사회적 및 문화적권리에관한국제규약 (A규약)」제2조, 제3조도 성별 또는 '성'을 규정하고 있는데, 영어 원문은 'gender'가 아닌 'sex'를 사용하고 있다.

또한, 헌법 제36조 제1항은 '양성의 평등'을 규정하고 있는데, 「아동의 권리에 관한 협약」(Convention on the Rights of the Child, 1991. 12. 23. 다자조약 제1072호) 제29조 라목은 '성(性)의 평등'을 'equality of sexes'로 규정하고 있다. 여기서 '성별'은 개인이 자유로이 선택할 수 없고 변경하기 어려운 생래적인 특징을 말한다(헌재

2010. 11. 25.자 2006헌마328결정 등).

그럼에도 최근 대법원은 '사람의 성을 결정하는 요소에는 성염색체와 이에 따른 성기 등 생물학적인 요소뿐 아니라 개인이 스스로 인식하는 남성 또는 여성으로의 귀속감 및 개인이 남성 또는 여성으로서 적합하다고 사회적으로 승인된 행동·태도·성격적 특징 등의 성역할을 수행하는 측면, 즉 정신적·사회적인 요소들도 포함되는 것으로 인정되고 있다.'라고 한다(대법원 2022. 11. 24. 자 2020스616 결정). 또한 대법원은 "사실상 혼인 관계 있는 사람 집단에 대하여는 피부양자 자격을 인정하면서도, 동성 동반자 집단에 대해서는 피부양자 자격을 인정하지 않음으로써 두 집단을 달리 취급하고 있다. 이러한 취급은 성적지향을 이유로 본질적으로 동일한 집단을 차별하는 행위에 해당한다."라고 판시하였다. (2024. 7. 18. 선고 2023두36800 판결). 이러한 논리라고 한다면 연금, 고용보험, 주택공급, 세법상 특례, 나아가 상속 등에서 사실혼 배우자와 평등한 권리를 인정하여야 할 것이다.

그러나 이러한 대법원의 판결은 "혼인과 가족생활은 개인의 존엄과 '양성의 평등'을 기초로 성립되고 유지되어야 하며, 국가는 이를 보장한다."고 규정하고 있는 헌법 제36조 제1항, "법관은 헌법과 법률에 의하여" 심판한다고 명시하고 있는 헌법 제103조에 반하는 것이다. 그리고 국가인권위원회의 차별판단지침(2008)은 「국가인권위원회법」상의 '성별'이란 젠더(gender)를 의미한다고 하고 있는데, 이러한 차

별판단지침은 헌법, 세계인권선언 및 국제인권 조약에도 반하는 것이다.[9]

---

9 국가인권위원회의 차별판단지침(2008), 61쪽

10
생명과 성윤리에 관한 성경적 관점

이명진(한국기독교생명윤리협회 상임운영위원장)

세상은 성을 무기로 성도와 가정과 교회를 무너뜨리려고 다가온다. 성윤리를 먼저 무디게 하여 생명윤리를 타락시킨다. 생명윤리가 훼손되면 생명이 경시되고, 가정이 붕괴된다. 가정의 붕괴는 교회의 몰락으로 이어진다. 성적 방탕과 낙태와 동성혼을 허용한 유럽과 북미에서 가정이 해체되고 교회가 문을 닫고 있다. 가정과 교회를 지키기 위해 성과 생명에 대한 성경적 기준을 세우고 살아가야 한다. 크리스천으로서 알아야 할 창조 질서와 성윤리, 생명윤리에 대한 성경적 기준을 알아보자.

1

생명윤리의 성경적 기준과
생명윤리에 관련된 기독교의 입장

가. 생명윤리의 성경적 기준

　가장 중요한 성경적 기준은 하나님의 창조 질서와 십계명에 명시된 살인하지 말라는 제6계명이다. 인간은 하나님께서 그분의 형상대로 손수 창조하시고 심히 기뻐하신 존재다. 비록 하나님의 명령을 거역하고 죄를 지었지만, 인간을 너무나 사랑하셨기에 죄로 인해 죽은 인간들을 살리기 위해 친히 생명을 내어 주셨다. 하나님이 사랑하고 아끼는 존재를 귀하게 여기는 것은 하나님의 마음을 기쁘시게 하는 일이다. 생명윤리를 지키는 것은 하나님을 사랑하고, 이웃을 사랑하는 신앙을 실현하는 일이다. 성경적 세계관을 실천하는 일이다.

- 나의 계명을 지키는 자라야 나를 사랑하는 자니 나를 사랑하는 자는 내 아버지께 사랑을 받을 것이요 나도 그를 사랑하여 그에게 나를 나타내리라 (요 14:21)

생명윤리에 대한 대표적인 성경적 기준은 다음과 같다.

1) 인간의 생명이 다른 동물보다 귀중한 것은 인간이 하나님의 형상으로 창조되었기 때문이다. 수정된 순간부터 하나님의 형상으로 만들어진 영혼을 가진 생명이 시작된다. 낙태와 살인은 하나님의 형상으로 만들어진 하나님의 창조물인 생명을 죽이는 죄를 짓는 것이다. 살인하지 말라는 6계명을 통해 낙태와 살인을 금하는 이유가 된다.

- 하나님이 자기 형상 곧 하나님의 형상대로 사람을 창조하시되 남자와 여자를 창조하시고(창1:27)
- 살인하지 말라(출 20:13)

2) 인간의 생명은 예수님께서 성육신하셔서 친히 우리 죄를 속량해 주시고 보혈의 피 값으로 사신 존재다. 나의 생명은 나의 것이 아니라 하나님의 소유이기 때문에 함부로 다루어서는 안 된다. 자살과 안락사, 장기 매매를 금하는 이유기도 하다.

- 너희는 값으로 사신 것이니 (고전 7:23)

- 야곱아 너를 창조하신 여호와께서 지금 말씀하시느니라 이스라엘아 너를 지으신 이가 말씀하시느니라 너는 두려워하지 말라 내가 너를 구속하였고 내가 너를 지명하여 불렀나니 너는 내 것이라 (사43:1)

3) 우리 몸은 성령이 거하시는 곳이기에 구별하여 건강하게 보호해야 한다. 술과 담배, 마약, 음란물과 같은 건강에 해로운 것을 금하는 이유다.

- 너희는 너희가 하나님의 성전인 것과 하나님의 성령이 너희 안에 계시는 것을 알지 못하느냐 (고전3:16)
- 하나님이 자기 피로 사신 교회를 보살피게 하셨느니라 (행20:28)

4) 한 남자와 여자가 가정을 이루고 생육하고 번성하라고 하셨다. 자녀 생산은 남자와 여자가 있어야 가능하다. 또한 한 남자와 여자가 가정을 이루고 그 안에서 이루어져야 한다. 가정을 벗어난 자녀 생산은 하나님이 정해 놓으신 질서에 어긋난다. 동성결혼, 혼외 출산, 대리모, 정자은행이나 난자은행을 통한 비혼 출산을 금하는 이유다.

- 하나님이 그들에게 복을 주시며 하나님이 그들에게 이르시되 생육하고 번성하여 땅에 충만하라 (창1:28)

- 여호와 하나님이 이르시되 사람이 혼자 사는 것이 좋지 아니하니 내가 그를 위하여 돕는 배필을 지으리라 하시니라 (창 2:18)
- 이러므로 남자가 부모를 떠나 그 아내와 연합하여 둘이 한 몸을 이룰지로다 (창 2:24)

5) 헌혈과 장기 기증은 네 이웃을 네 몸과 같이 사랑하라는 말씀을 몸소 실천하는 행위다.

- 예수께서 가라사대 네 마음을 다하고 목숨을 다하고 뜻을 다하여 주 너의 하나님을 사랑하라 하셨으니 이것이 크고 첫째 되는 계명이요 둘째는 그와 같으니 네 이웃을 네 몸과 같이 사랑하라 하셨으니 (마22:27-39)

6) 인간이 바벨탑을 쌓지 않았다면 모든 인류의 언어는 한 가지로 서로 통용하고 살 수 있었다. 인간이나 동물을 복제하거나 새로운 종의 동물을 만드는 일은 하나님의 창조 영역을 침범하는 일이다. 하나님께서 허용하신 자연법칙에 따라 생산하지 않는 것은 반드시 부작용을 낳게 된다. 인간 복제나 동물 복제는 인간의 과학적 호기심과 교만 때문에 시도되는 새로운 바벨탑을 쌓은 행위다.

- 하나님이 이르시되 땅은 생물을 그 종류대로 내되 가축과 기는 것과 땅의 짐승을 종류대로 내라 하시니 그대로 되니라 (창1:24)

7) 하나님이 하지 말라고 하신 것은 하지 말아야 한다. 하지 말라고 하신 것을 하게 되면 반드시 재앙이 뒤따르게 된다. 하나님이 정해 주신 기준을 따라 사는 것이 가장 안전하고 축복받는 삶을 사는 일이고 하나님이 기뻐하시는 일이라는 것을 항상 명심하고 순종하는 삶을 살아가야 한다.

- 오직 내 말을 듣는 자는 평안히 살며 재앙의 두려움이 없이 안전하리라 (잠1:33)

2

미끄러운 경사길에 서 있는
성 윤리와 생명윤리

가. 안전하고 평안히 살아가는 지혜로운 삶

    생명윤리의 기초는 생명의 시작에서 시작한다. 생명의 시작에서 마지막 육신의 죽음을 맞이하기까지 생명윤리의 문제는 신앙인의 삶과 직결되어 있다. 인간이 땅 위에 살아가면서 하나님이 정해 주신 기준을 따라 살게 되면 안전하고 평안히 살아가는 지혜로운 삶을 살 수 있기 때문이다.

- 오직 내 말을 듣는 자는 평안히 살며 재앙의 두려움이 없이 안전하리라(잠1:33)
- 그러므로 누구든지 나의 이 말을 듣고 행하는 자는 그 집을 반

석 위에 지은 지혜로운 사람 같으리니 (마7:24)

에덴동산 이후 마귀 사탄은 성도들의 믿음을 흔들어 떨어뜨리려고 갖은 방법을 동원하고 있다. 마귀 사탄이 이용하는 공격 방법 중의 하나가 생명윤리 영역이다. 의과학의 발달과 함께 다가오는 생명 윤리적 문제에 대해 견고한 성경적 입장을 취하지 않는다면 성도의 삶이 무너지고 결국 교회가 무너지게 된다.

나. 성(性)을 이용한 생명윤리 파괴 활동

마귀가 사용하는 가장 강력한 무기는 성을 이용한 생명윤리 파괴 활동이다. 주님의 몸 된 교회를 공격해 온 마귀는 가정이 무너지면 교회가 무너진다는 것을 알게 됐다. 가정을 무너뜨리는 강력한 무기가 성 윤리 해체임을 간파했다. 마귀는 서서히 인간의 성적 욕망이라는 취약한 부분을 파고들었다. 정치, 경제, 윤리 심지어 신학까지 오염시키고 있다.

부부간의 성적 절정이 기초가 되는 성 윤리가 무너지게 되면 가정이 무너지게 된다. 부부간의 성적 신뢰가 깨어지면 자녀들을 보호해 줄 울타리가 없어지게 된다. 아이들은 위험한 세상 욕망에 무차별적인 공격과 세속적인 교육을 받게 된다. 성과 결혼과 가정의 연결점이 끊어지게 되면 본능적인 욕망만 추구하게 된다. 마귀는 한 남자와 여자가 가정을 이루고 가정 내에서만 이루어져야 할 성관계를 가정 밖에서도 할 수 있다고 현혹하고 있다. 성적 정결과 하나님의 형상을 따라 만들어진 존재로서 구별된 삶을 요구하는 교회에 정면 도전을 하고 있다.

- 하나님이 자기 형상 곧 하나님의 형상대로 사람을 창조하시되 남자와 여자를 창조하시고 (창1:27)
- 예수께서 대답하여 이르시되 사람을 지으신 이가 본래 그들을 남자와 여자로 지으시고 말씀하시기를 그러므로 사람이 그 부모를 떠나서 아내에게 합하여 그 둘이 한 몸이 될지니라 하신 것을 읽지 못하였느냐 (마19:4,5)

다. 미끄러운 경사길에 서 있는 인간들

생명윤리 영역에서 처음 한가지 기준을 허용하게 되면 연이어 허용 기준과 범위가 확대되고 확산되는 현상을 미끄러운 경사길로 비유한다. 마귀는 처음에는 매우 작은 사건이나 귀찮아하는 문제를 파고든다. 프란시스 쉐퍼는 이러한 일련의 생명 경시 사조가 연이어 발생할 것이라고 일찍이 경고했다. 인간이 미끄러운 경사길에 올라서는 첫 걸음은 신학의 타락에서 시작된다.

위그노 개혁 신앙이 프랑스 혁명과 세속주의에 묻혀 잊혀지면서 금지하는 것을 모두 금지하라고 주장하던 프랑스 68혁명의 영향과 프리섹스 풍조에 맞닥뜨린 미국은 기혼 부부에게만 구입과 사용이 허용되던 피임약을 미혼자들도 구입할 수 있도록 허용하는 법을 만들었다. 피임약의 허용은 낙태로 이어졌다.

- 좁은 문으로 들어가라 멸망으로 인도하는 문은 크고 그 길이 넓어 그리로 들어가는 자가 많고 (마7:13)

자연스레 혼외 성관계와 혼전 성관계가 성행하게 됐다. 피임에 실패하거나 피임 없이 욕망을 즐긴 자들에게 뱃속의 아기는 짐으로 여겨졌다. 인간의 죄성은 양심을 포기하고 감히 생명을 죽이는 낙태를 인권이라고 주장하기 시작했다. 신학적으로 타락한 교회 지도자들이 큰 역할을 했다. 로 대 웨이드 판결이 나왔을 때 남침례교 교단장이 환영 성명을 낸 흑역사가 이를 증명하고 있다.

낙태가 허용되자 시험관아기 시술 후 남은 잔여배아 파괴 연구를 허용하고, 착상 전 배아 검사를 통해 유전병이 있는 수정란이나 원하지 않는 성별의 수정란을 죽여 버리는 일까지 허용되고 있다. 일단 미끄러운 경사길에 놓이게 되면 다시 제자리로 돌아가기가 쉽지 않다. 이것은 성경을 절대 기준이자 윤리 기준으로 삼고 있는 그리스도인이 생명윤리의 기준을 양보할 수 없는 이유이기도 하다.

3

성경이 알려주는 성관계에 관한 4가지 질서

가. 결혼제도의 목적: 결혼제도는 하나님이 인간에게 목적을 두고 주신 선물이다.

1) 인간에게 가정을 이루어 주시기 위해

　아담이 독처하는 것을 안타깝게 여기시고 하와를 배필로 만들어 최초의 가정을 이루게 하셨다. 부부가 결혼을 통해 가정을 이루면 둘이 한 몸이 되는 신비로운 결합체가 된다. 하나님의 형상을 가진 인간이 연합체를 이루는 것이다. 최초의 신앙공동체인 교회인 것이다. 가정을 통해 남편과 아내가 서로 돕고 힘이 되어 준다. 또한 자녀들을 지켜주는 든든한 울타리가 된다.

- 여호와 하나님이 이르시되 사람이 혼자 사는 것이 좋지 아니하니 내가 그를 위하여 돕는 배필을 지으리라 하시니라 (창2:18)

2) 가정 내에서 성행위를 허락하시기 위해
성행위는 다음과 같은 목적이 있다.
① 자녀 생산의 복을 주시기 위해
　남녀의 성관계는 자녀를 생산하는 행위이다. 하나님은 인간에게 "생육하고 번성하여 땅에 충만하라."고 하셨다. 하나님은 가정 안에서 부부가 성관계를 통해 아이를 임신하고 자녀를 낳아 양육하도록 정해 주셨다. 자녀 생산은 가정에서 이루어져야 한다.

- 하나님이 그들에게 복을 주시며 하나님이 그들에게 이르시되 생육하고 번성하여 땅에 충만하라, 땅을 정복하라 (창1:28)

② 부부간의 성행위에서의 즐거움을 통해 부부가 서로를 깊이 알고 더 깊은 연합으로 가기 위해
　자녀가 있는 가정도 있고, 어떤 가정은 자녀가 없는 가정도 있다. 자녀를 허락하지 않으셨다고 결혼의 의미가 없어지거나 축소되는 것이 아니다. 자녀가 없는 가정일수록 부부간의 이해와 격려를 통해 연합해야 한다.

3) 결혼은 행복을 위해서가 아니라 거룩하기 위해

마귀 사탄은 성경이 알려주는 성윤리 질서를 깨뜨리려고 호시탐탐 노리고 있다. 자녀 생산이 아닌 성적 쾌락만을 위해 성을 사용할 수 있으며, 결혼하지 않고도 아이를 낳을 수 있으며, 남에게 피해를 주지 않는다면 인간이 아닌 대상과 성관계를 할 수도 있다고, 동성 간의 성행위도 할 수 있는 것이고, 부부가 아니더라도 내가 원하면 성행위를 할 수 있다고 부추기고 있다. 결혼은 행복을 위해서가 아니라 거룩하기 위해 하는 것이다. 하나님은 내가 거룩하니 너희도 거룩하라고 하신다. 결혼을 통해 하나님이 정해주신 4가지 질서를 지킴으로써 성적 거룩함을 지킬 수 있다.

나. 성관계의 4가지 질서

위와 같은 결혼의 목적 달성을 위해 하나님은 성관계에 4가지 질서를 정해 주셨다. 하나님이 주신 질서 안에서 생육하고 번성하며 부부 간의 성적 즐거움을 누리도록 허락하지만, 하나님이 정해 주신 4가지 경계를 넘어서는 모든 행위는 죄를 짓는 것이다.

① 결혼은 한 남자와 한 여자 사이(一夫一妻)에서 이루어져야 한다.
하나님께서 가정을 한 남자와 한 여자로 이루어지는 일부일처로 정하신 이유는 결혼을 통해 경건한 자손을 만들기 원하시기 때문이다.

- 그에게는 영이 충만하였으나 오직 하나를 만들지 아니하셨느냐 어찌하여 하나만 만드셨느냐 이는 경건한 자손을 얻고자 하심이라 그러므로 네 심령을 삼가 지켜 어려서 맞이한 아내에게 거짓을 행하지 말지니라 (말 2:14, 15)
- 네 샘으로 복되게 하라 네가 젊어서 취한 아내를 즐거워하라 (잠 5:18)

② 모든 성관계는 결혼한 부부 사이에서 허락된다.

하나님은 십계명 중 제7계명을 통해 부부간의 성적 정절을 지키도록 정해 주셨다. 육체적 간음뿐만 아니라 우상숭배를 뜻하는 영적 간음은 성경을 통해 하나님이 가장 싫어하시는 죄다. 또한 혼전 성관계를 피하기 위해 자신의 정욕을 절제할 수 없다면 결혼하는 것이 낫다.

- 간음하지 말라(출 20:14)
- 만일 절제할 수 없거든 결혼하라 정욕이 불같이 타는 것보다 결혼하는 것이 나으니라 (고전 7:9)

③ 성관계는 남자와 여자 사이에서 이루어져야 한다.

하나님은 모든 성관계는 남자와 여자가 하도록 정해 놓으셨다. 동성 성관계는 엄하게 금하시는 행위다. 성관계는 단지 육체적 결합 행위를 넘어 부부가 서로의 사랑을 확인하는 인격적으로 연합하는 행위다. 인격과 인격의 만남이 없는 성관계도 금하고 계신다. 인간이 아닌 짐승과의 교합이나 섹스 인형과의 성행위 등은 인격체가 아닌 대상과의 성관계이기에 창조 질서의 경계를 넘어서는 행위이다.

- 누구든지 여인과 교합하듯 남자와 교합하면 둘 다 가증한 일을 행함인즉 반드시 죽일지니 그 피가 자기에게로 돌아가리라. (레 20:13)
- 너는 짐승과 교합하여 자기를 더럽히지 말며 여자는 짐승 앞에 서서 그것과 교접하지 말라 이는 문란한 일이니라 (레 18:23)

④ 자녀 생산은 남편과 아내의 성관계를 통해 이루어져야 한다.

모든 자녀 생산은 결혼한 아내와의 성행위를 통해 이루어져야 한다. 보조생식술의 발달로 결혼하지 않고 다른 사람의 정자나 난자를 통한 아이를 가지거나, 대리모를 통해 아이를 가지려는 사람들이 늘고 있다. 윤리적 기준을 벗어난 모든 과학 기술은 인간의 끝없는 탐욕을 멈추게 하지 못한다. 보조생식술은 현행 모자보건법과 산부인과의 전문직 윤리 지침에 정해 놓은 기준인 난임 부부에 한하여 시행되어야 한다.

- 예수께서 대답하여 이르시되 사람을 지으신 이가 본래 그들을 남자와 여자로 지으시고 말씀하시기를 그러므로 사람이 그 부모를 떠나서 아내에게 합하여 그 둘이 한 몸이 될지니라 하신 것을 읽지 못하였느냐 (마19:4, 5)

4

인간의 성이 짐승의 성과 다른 이유

가. 인격적 성, 바꿀 수 없는 성

생명은 성을 통해 나오기에 성에 대해 올바른 시각을 가지고 있어야 한다. 그렇지 않으면 생명의 가치가 훼손되어 버린다. 특별히 크리스천들은 성을 단순한 의학적 관점이나 생물학적 관점으로만 바라보면 안 된다. 성에 대한 생리적 현상과 해부학적 지식만으로는 성을 잘 다룰 수 없다. 성은 하나님이 인간에게 주신 선물이지만 항상 책임이 따르는 영역이고 생명의 탄생과 연결되기에 생명에 대한 존중과 이에 필요한 윤리기준이 있어야 한다. 성경을 통해 간음하지 말라는 십계명의 제7계명과 함께 성행위는 창조 질서와 하나님이 허락하신 가정 안에서 이루어지도록 정해 놓으셨다.

나. 인간의 성과 동물의 성이 다른 이유

성은 모든 동물과 인간의 종족 번식의 수단이고 가족을 이루게 하는 소중한 도구다. 종족 번식의 기능은 같지만, 동물의 성과 인간의 성의 다른 점은 인간은 하나님의 형상으로 만들어진 존재이기에 동물과 달리 인격을 가지고 있다는 점이다. 인격은 그 어떤 것으로도 대체할 수 없는 인간의 가치와 존엄성을 표현하는 개념이다. 펜실베니아 주립대 캐슬린 베리 교수는 "성을 소유할 수 있는 물건으로 취급할 때 인간은 사물이 된다. 이 같은 대상화는 인권을 침해할 뿐 아니라 인권의 근본 전제조건인 인간의 존엄성을 파괴한다."고 했다.

인간은 동물과 달리 선과 악을 구별하는 도덕성이 있다. 하나님의 형상으로 만들어졌기에 이성적 사고와 성찰하는 능력이 있다. 공동선을 위해 하지 말아야 할 금기(taboo)를 정하고, 동물적인 충동을 제어하는 능력을 통해 인간의 가치와 존엄성을 지켜 나간다. 이러한 것들을 통틀어 '인격주의'라 한다. 일부 영리한 동물 중에 본성적으로 착한 행동을 하는 동물들이 있지만 이것을 두고 인격이라고 칭하지 않는다. 인격은 매너와 에티켓, 윤리와 도덕, 법을 지켜가며 공동의 선을 이루어 간다.

인간의 성생활은 짐승과는 다르다. 짐승의 성생활은 본능적인 수준에서 이루어지지만, 인간의 성생활은 인격적이고 도덕적 수준에서 이루어진다. 하나님은 성경을 통해 허락하신 규범 안에서 누리는 성적 만족을 허용하고 있다. 동물과 달리 본성적으로 본능을 제어하는 능력인 도덕성이 성의 영역에도 작용한다. 만약, 인간이 인격과 도덕적 수준을 무시하고 배설 본능과 동물적 성적 충동을 따르는 쾌락만 추구한다면 짐승과 같은 수준으로 추락하고 만다. 성관계를 인격의 수준에 놓을 것인지 아니면 그보다 낮은 수준에 둘 것인지는 자신에게 달려 있다. 한 마디로 인간의 성은 인격이다.

- 음행을 피하기 위하여 남자마다 자기 아내를 두고 여자마다 자기 남편을 두라 남편은 그 아내에 대한 의무를 다하고 아내도 그 남편에게 그렇게 할지라 아내는 자기 몸을 주장하지 못하고 오직 그 남편이 하며 남편도 그와 같이 자기 몸을 주장하지 못하고 오직 그 아내가 하나니 (고전 7:2-4)

다. 성염색체를 바꿀 수 없어

최근 포스트모더니즘의 사조를 타고 생물학적 성을 벗어나려는 사조가 세계적으로 일어나고 있다. 사회적 성 개념인 일명 젠더주의(Genderism)가 일고 있다. 자신이 자신의 성을 결정할 수 있다는 극단적인 자기결정권의 주장이다. 젠더 개념은 생물학적 질서를 훼손하는 위험한 개념이다. 의학적으로 인간은 남자는 XY 염색체, 여자는 XX 염색체를 가지고 태어난다. 성염색체는 몸을 이루는 모든 세포에 각각 존재한다. 간혹 남성이 여성의 몸을 가지고 싶다고 성전환수술을 하고 호르몬 치료를 해도 각 세포마다 존재하는 성염색체는 바뀌지 않는다.

- 하나님이 자기 형상 곧 하나님의 형상대로 사람을 창조하시되 남자와 여자를 창조하시고 (창1:27)

남자와 여자는 성염색체에 따라 각각 만들어 내는 성호르몬이 다르다. 남성은 청소년기가 되면 정소에서 남성 호르몬이 분비되면서 남성의 외형과 기질이 두드러지게 되고, 여성은 여성호르몬의 영향을 받아 여성스러운 외모와 기질을 가지게 된다. 뇌의 기능적 구조도 남녀가 각각 다르고 약물에 대한 반응도 남녀가 차이가 있다. 흔히 사용하는 수면제인 졸피뎀의 경우 여성은 남성 복용량의 절반을 사용할 것을 권하고 있다. 일부 혈압약 경우도 부작용 발생률에 있어서 남녀 차이를 보인다. 남녀에게 있어서 약물 반응의 차이는 세포 단위에서 일어난다고 말한다. 이것을 성차의학(sex-specific medicine)이라고 한다.

몸을 부인하는 인격체는 존재할 수 없기에 자신이 타고난 생물학적 성을 바꾸려는 시도는 창조 질서에 어긋난다. 질서를 거부할 때 육체적으로나 정신적으로 많은 의학적 부작용을 낳게 된다. 트랜스젠더의 경우 자신의 성정체성에 만족하지 못하고 다른 성으로 변경하는 트랜스젠더의 41%가 자살을 시도한 것으로 조사됐다. 트랜스젠더 청년들의 우울증, 불안장애, 자살 시도 등 정신건강 문제도 일반인보다 2-3

배 이상 많은 것으로 나타난다.

생물학적 성을 거부하고 성전환 수술을 받은 사람들 대부분이 수술 후에 만족하지 못하고 후회한다. 특히 성기 제거 수술까지 받은 경우는 돌이킬 수 없는 치명적인 육체적 훼손과 정체성을 잃은 정신적 후유증을 낳게 된다.

- 여자는 남자의 의복을 입지 말 것이요 남자는 여자의 의복을 입지 말 것이라 이같이 하는 자는 네 하나님 여호와께 가증한 자이니라 (신 23:5)

5

비혼 출산과 대리모의 문제점
(비혼 출산, 대리모 출산해도 되나요?)

가. 보조생식술

　보조생식술에는 시험관 아이로 알려진 '체외수정'과 정자를 여성의 자궁에 주입하는 '인공수정' 두 가지 방법이 있다. 이는 난임부부의 행복한 가정을 위한 방법이다. 1978년 영국에서 체외수정을 이용한 시험관 아이 출산이 성공하면서 난임 부부에게 자녀 생산의 길을 열어 주었다.
　최근에는 혼인하지 않은 여성이나 동성애자 커플 등이 대리모 출산이나 정자은행을 통한 보조생식술을 이용하여 자녀를 생산하는 일까지 벌어지고 있다. 의학이 발달하기 전에는 상상할 수 없었던 일들을 경험하고 있다. 비혼 출산과 대리모 출산에 대한 성경적, 생명 윤리

적 문제를 알아보자

나. 성경이 말하는 자녀 생산

성경적 기준을 외면하고 보조생식술을 이용하게 되면 인간의 번식 과정을 동물의 번식 방법과 유사한 수준으로 격하시키는 꼴이 되어버린다. 동물의 번식을 위해 우수한 정자나 난자를 여러 동물에게 수정하는 번식 기술을 인간에게 적용하는 것과 다를 바 없다.

1) 인간은 동물과 어떻게 다른가?
하나님은 동물과 달리 인간을 하나님의 형상을 가진 존재 만드셨다.

- 하나님이 자기 형상 곧 하나님의 형상대로 사람을 창조하시되 남자와 여자를 창조하시고 (창 1:27)

2) 한 남자와 여자가 결혼하여 가정을 통해 생육하고 번성하도록 하셨다.
결혼제도는 하나님이 인간에게 주신 최초의 공동체이다. 한 남자와 여자가 혼인을 통해 한 몸을 이루고, 자녀를 생산하고 양육하도록 하셨다.

- 이러므로 남자가 부모를 떠나 그의 아내와 합하여 둘이 한 몸을 이룰지로다 (창 2:24)
- 예수께서 대답하여 이르시되 사람을 지으신 이가 본래 그들을 남자와 여자로 지으시고 말씀하시기를 그러므로 사람이 그 부모를 떠나서 아내에게 합하여 그 둘이 한 몸이 될지니라 하신 것을 읽지 못하였느냐. (마 19:4-5)

3) 혼외 성관계를 십계명을 통해 금지하셨다.

남편의 정자와 아내의 난자가 만나는 부부간의 성관계를 통한 자녀 생산만을 허용하셨다. 혼전이나 혼외 성관계는 죄라고 정하시고 금지하셨다.

- 간음하지 말라 (출 20:14)

다. 비혼 출산과 대리모와 관련된 문제들

1) 법률적 관점

대한민국 헌법은 건강한 가정 보호의 중요성을 강조하고 있다. 헌법 36조 1항에 따르면, '혼인과 가족생활은 개인의 존엄과 양성의 평등을 기반으로 성립되고 유지되어야 하며, 국가는 이를 보장한다'로 명시하고 있다. 2023년 모자보건법 일부개정 법률안(장혜영의원 등

15인)은 헌법에 규정하는 가정의 개념을 해체하는 발상이다. 대한민국의 기본가치와 충돌하는 법이나 정책을 추진되면 안 된다.

2) 우생학과의 연관성

보조생식술은 시행 단계에서부터 우생학이 개입하기 시작한다. 내가 원하는 외모와 성별, 피부색 등 특정한 특징을 가진 아이를 낳기 위해 정자와 난자를 선택하여 구매하거나, 착상 전 유전자 검사를 통해, 염색체 이상이 있거나 자신이 원하지 않는 성별일 경우 수정란을 배제하는 일이 일어날 수 있다.

3) 유전병과의 관련성

비혼 출산에 따른 정자 제공이 같은 지역 내에서 집중될 경우, 비슷한 외모와 유전적 특징을 가진 아이들이 태어날 수 있다. 정신질환을 앓는 자가 병력과 학력 등을 속이고 정자를 제공하기도 했다. 비혼 출산을 허용한 일부 나라에서 발생하고 있는 부작용들이다. 또한 이런 상황은 비혼 출산으로 탄생한 아이가 성장하여 자신과 같은 유전자를 가진 사람과 결혼하는 근친혼의 위험성과 근친혼과 관련된 유전병 발생의 우려가 있다.

4) 동성 커플 자녀와 심리 정서적 문제

비혼 출산의 결과로 태어난 아이는 생물학적 부모와 함께 자라지 못하게 된다. 이로 인해 아이는 성장 과정에서 심리적으로 불안해하고, 특히 동성 커플에서 성장할 경우 자기 정체성이 무엇인지에 대한 혼란을 느낄 수 있다.

5) 아이의 권리와 안전에 대한 우려

비혼 출산으로 아이를 낳은 자가 경제적으로 어렵게 되는 경우나, 다른 사람과 결혼하는 등 개인적 상황이 변화된 경우, 정신적으로 지친 경우 아이를 유기하는 일이 발생할 수 있다. 결국 아이의 인권과 안전이 위협받을 가능성이 매우 크다.

6) 의료 윤리와의 충돌

비혼출산을 지원하는 개정안은 의료인에게 특정한 보조생식술을 시행하도록 요구할 수 있도록 규정하고 있다. 이는 일부 의료인들의 윤리적, 종교적 신념과 충돌할 수 있다. 인간의 왜곡된 탐욕을 법안에 담아 강제하는 것은 법에 의한 폭력으로, 자유민주주의 국가에서 받아들일 수 없는 일이다. 의료인들의 자율성과 권리가 존중되어야 한다.

라. 비혼 출산과 대리모는 창조 질서를 파괴하는 반성경적 행위

모든 의·과학 기술은 반드시 윤리기준에 따라 시행되어야 한다. 단순히 가능하다고 해서 모든 것을 실행하는 것은 위험하다. 인간은 하나님의 형상을 닮은 인격을 가진 특별한 존재이기에, 생명에 대한 존중과 책임이 필요하다. 모든 행위에는 의도, 방법(행위), 그리고 결과, 이 세 가지의 요소가 모두 바람직해야 한다. 비혼 출산과 대리모는 기존의 의료적 목적에서 벗어나, 가정의 가치를 무시하는 것으로 보인다. 결혼한 부부에게 적용해야 할 의술을 남용하는 행위다. 잘못된 방법으로 의술을 사용하면 예상치 못한 부작용이 발생할 수 있다. 반드시 윤리적 기준을 고려하는 것이 중요하다.

그러나 보조생식술은 난임을 겪는 부부를 도와주는 의료적 방법이다. 성경적 기준이나 보편적 윤리기준을 벗어난 보조생식술의 이용은 의학이 주는 유익을 해악으로 바꾸어 버린다. 정자은행을 통해 정자를 공급받아 동물을 번식하는 것처럼 아이를 생산하려는 것은 하나님이 정하신 창조 질서를 파괴하는 반성경적 행위다.

6

생명존중(낙태반대) 3대 원칙

가. 생명존중(낙태반대) 3대 원칙

히포크라테스 선서는 생명을 살리고 존중해야 한다는 개혁 선언이다. 고대 히포크라테스 학파 의사들은 낙태와 당시 의사들의 비윤리적인 행위에 항거했다. 생명을 존중하고 생명을 살리려는 의사들의 정신은 수 세기를 거쳐 이어져 왔으며, 시대와 상황이 바뀌어도 훼손할 수 없는 의사들의 숭고한 정신이고 전통이다. 이러한 정신이 조금이라도 후퇴하거나 변질되어서는 안 될 것이다.

2019년 4월 11일 낙태죄에 대한 헌법 불합치라는 대한민국 역사상 가장 부끄럽고 위험한 헌법재판소 결정이 있었다. 여성의 자기결정권이라는 미명 하에 하나님이 허락하신 생명을 죽여도 죄가 되지 않는다는 수치스러운 결정을 하였다. 미래의 국민인 태아의 생명이 백척간두의 위기에서 무참히 무시되고 살해되고 있는데도 정치권과 언론단체와 정부는 눈치만 보며 손을 놓고 있다. 태아가 가진 생명이 지금 우리가 가지고 있는 생명이며, 그들이 가슴 속에 뛰던 심장이 지금 우리의 가슴 속에서 뛰고 있는 심장이다. 그들을 죽음으로 내몰 때 우리의 생명도 언젠가는 무참히 죽음으로 내몰릴 상황이 벌어질 날이 올 것이라는 무서운 사실을 알아야 한다.

생명존중(낙태반대) 3대 원칙

제1원칙 모든 생명은 보호받아야 한다. (모든 낙태 행위를 반대한다)
1) 낙태에 대한 형사처벌 조항이 제정
2) 부성 보호법 (일명 Hit & Run 방지법) 제정
3) 비밀 출산제 도입
4) 모든 사회경제적 사유는 수용 불가

제2원칙 상업주의를 배격한다. (낙태가 돈벌이 수단이 되어서는 안 된다)
1) 낙태 상담 의사와 수술 의사 분리
2) 낙태 수술 전문 의료기관 제공과 관리
3) 낙태 수술 자격인증 의사에게만 수술 허용

제3원칙 양심에 반하거나 종교적 신념에 반하는 비윤리적 의료행위를 강요받아서는 안 된다.
1) 진료와 수술은 별개의 의료행위다.
2) 낙태 수술에 참여하게 되는 보건 의료인 (수술 참여 의사, 마취과 의사, 간호사와 간호조무사) 역시 양심과 종교에 반하는 의료행위를 강요받아서는 안 된다.

많은 생명 운동 단체와 종교계가 낙태법 개정안 입법이 국회에서는 꼭 만들어지길 바라고 있다. 성산생명윤리연구소는 2019년 낙태반대 학술모임과 여러 단체와의 의견교환을 통해 생명존중 (낙태반대) 3대 원칙을 제시하고, 3대 원칙이 담긴 법안을 마련해 줄 것을 정부와 국회에 강력히 요구하고 있다.

1) 사회 경제적 사유는 낙태의 사유가 될 수 없다.

　헌법재판소에서 내세운 사회경제적 사유는 절대 수용할 수 없다. 사회경제적 사유는 발달된 의학과 사회의 도움을 통해 해결해가야 할 부분이지 생명을 죽이는 방법으로 해결할 문제가 아니다. 태아 기형이나 염색체 이상, 선천성 결함을 가진 아이들도 의학의 도움으로 새로운 삶을 얻도록 도와주어야 한다. 최신 의료기술을 통해 출산 후 적절한 치료를 받을 수 있도록 개인과 사회가 노력해야 한다.

　빈곤의 문제로 낙태를 고민하는 가정은 직접적인 경제적 지원을 통해 해결해 가야 한다. 출산장려금으로 소요되는 돈이 한 해에 50조를 넘어서고 있다. 이 돈이 다 어디에 쓰이는지 예산을 집행하는 정부 담당자의 각성을 촉구한다. 임신 자체가 힘든 일이고 아이 육아가 힘든 일인 것을 우리 모두 알고 있다. 이를 도와 줄 수 있는 제도와 인식개선을 통해 해결해가야 한다. 의학 기술과 사회적 제도를 통해 충분히 해결해 나갈 수 있는 문제다.

2) 낙태가 돈벌이가 되지 않도록 정책이 마련되어야 한다.

생명을 죽이는 낙태가 더 이상 돈벌이 수단이 되어서는 안 된다. 정부는 낙태가 돈을 버는 상업주의와 원천적으로 분리되도록 정책을 만들어야 한다. 낙태 수술 역시 여성의 생명과 안전을 위해 자격을 갖춘 의사가 시행해야 하고, 낙태에 관한 통계도 국가가 관리 감독해야 한다.

3) 의료인의 전문가적 양심과 종교적 신념은 보호되어야 한다.

모든 보건의료인(의사, 간호사, 간호조무사)은 양심에 반하거나 종교적 신념에 반하는 비윤리적 의료행위를 강요받아서는 안 된다. 법으로 양심과 종교에 반하는 의료행위를 강요하는 것은 또 다른 폭력이 되어버린다. 약사의 경우도 도입될지 모르는 약물 임신 중절약을 요구할 때 거부할 권리가 보장되어야 한다.

진료와 수술행위에 대한 개념 구분도 필요하다. 임산부에 대한 상담과 산전 진찰을 정당한 사유 없이 거부해서는 안 된다. 하지만 수술을 강요해서는 안 된다. 수술은 의사의 수술 능력과 의지, 시설 등 여러 가지 요인을 복합적으로 고려해서 의사가 결정해야 한다. 능력에 벗어나거나 윤리적으로 받아들일 수 없는 수술을 강요하는 것은 의사에 대한 폭력이고 의학의 가치를 무시하는 일이다.

의사들에게 히포크라테스 선서가 있다면 간호사에게는 나이팅게일 선서가 있다. 간호사들 역시 선서를 통해 "나는 인간의 생명에 해로운 일은 어떤 상황에서도 하지 않겠습니다."라고 선서하고 있다. 수술을 집도하는 의사뿐만 아니라 마취과 의사, 간호사, 간호조무사 등 다양한 의료인이 참석한다. 이들 역시 양심에 반하거나 종교적 신념에 반하는 비윤리적 의료행위를 강요받아서는 안 될 것이다.

7

실제적인 낙태 쟁점들과 해결 방안

　인간의 탄생과 죽음의 모든 과정에는 고통의 문제가 동반된다. 낙태를 선택하려는 사람들이 호소하는 것이 고통의 문제다. 고통에 대한 바른 시각은 인간이 어떤 선택을 하는 것이 옳은지 길을 알려준다. 모든 인간은 고통을 통해 성숙해진다. 고통의 문제를 악으로 폄하해서는 안 된다. 성숙하지 않은 사고가 우리를 지배하게 되면 성장할 수 없고 삶의 가치를 찾을 수도 없다. 또 다른 고통이 다가온다. 자신의 이익과 안락함만을 추구하는 극단적 이기주의에서 벗어나야 한다. 낙태는 자신을 위하는 것 같지만 자신을 죽이는 것일 뿐이다. 태아를 죽여서 행복을 찾는 방법보다는 살려서 행복을 찾는 방법을 적극적으로 찾아가야 한다.

가. 성폭행(강간)에 의한 임신은 어떻게 해야 하나?

낙태를 찬성하는 진영에서 전가의 보도처럼 들고나오는 쟁점이다. 이들은 예외적이고 흔하지 않은 문제를 일반화시키는 방법을 잘 활용한다. 실제 성폭력을 당한 경우는 전체 낙태의 0.3% 미만이다. 성폭력에 의해 임신한 여성의 경우 매우 큰 상처를 가지게 된다. 쉽게 낙태를 생각하지만, 우리가 알아야만 하는 사실이 있다. 아이를 낙태시킨다고 해서 성폭력의 상처가 없어지지는 않는다.

2019년 미국 사우스 캐롤라이나에서 낙태 허용범위를 두고 토론회가 열렸다. 심장 박동법에 따라 심장 박동이 감지된 후 모든 낙태를 금지하는 것에 동의하지만, 성폭행에 의한 임신은 낙태를 허용해야 한다는 한 변호사의 주장이 있었다. 이 주장에 반대하는 여성이 발언을 했다. 레베카라는 이 여성은 그녀의 어머니가 성폭행을 당해 자신을 임신했지만 어머니가 낙태하지 않았기 때문에 자신이 지금 살아 있고, 자신을 죽이지 않고 키워주어서 감사하다는 인사를 했다. 그리고 낙태 허용을 주장하는 변호사를 향해 이 같은 말을 했다. "강간으로 인한 낙태를 허용하라는 것은 지금 나 같은 사람에게 너는 살지 말고 죽어야 했어. 너는 다른 사람들처럼 살 가치가 없어"라고 말하는 것과 같다고 말했다. "당신은 살 가치를 가지고 있고 나는 죽어야만 하는 가치밖에 안 되는 것이냐?"는 질문에 아무도 대답하지 못했다.

성범죄와 비윤리적인 범죄행위로 인한 임신이지만 태중의 아이는 죄가 없다. 죽어야 할 운명이 아니다. 아이를 죽임으로써 해결책을 찾을 수도 없고 찾아서도 안 된다. 레베카의 어머니처럼 아이를 출산하여 직접 키우는 일도 있지만, 출산 후 키우는 것이 감당하기 힘든 경우는 입양이라는 방법이 있다. 사실 우리는 모두 입양된 사람들이다. 하나님의 양자 된 사람들이다. 내 생각과 기준을 내려놓고 하나님 말씀을 기준으로 판단하면 좋겠다.

- 아버지는 그 자식들로 말미암아 죽임을 당하지 않을 것이요 자식들은 그 아버지로 말미암아 죽임을 당하지 않을 것이니 각 사람은 자기 죄로 말미암아 죽임을 당할 것이니라 (신 24:16)

나. 의학적인 문제 (태아 기형)

그동안 의학이 발달하지 못해 기형을 가진 태아들이 발견되었을 때 낙태를 하는 경우가 많이 있었다. 하지만 의학의 발달로 인해 염색체 이상이나 선천성 결함을 가진 아이들도 의학의 도움으로 새로운 삶을 얻을 수 있게 되었다. 최신 의료기술을 통해 출산 후 적절한 치료를 받을 수 있도록 도와주어야 한다. 발달 된 의학과 사회의 도움을 통해 해결해 가야 할 부분이지 생명을 죽이는 방법으로 해결할 문제가 아니다. 염색체 이상을 가진 아이도 사회 일원으로서 받아들이고 함께 생활해 가는 성숙한 시민의식이 필요하다.

다. 사회경제적 문제

　헌법재판소에서 내세운 사회경제적 사유는 절대 수용할 수 없는 조항이다. 사회경제적 사유는 사회적으로 도와줌으로써 해결할 수 있다. 돈 때문에 낙태를 고민하는 가정은 직접적인 경제적 지원을 통해 해결해가야 한다. 유치원이나 어린이집을 통해 간접 지원하는 방식은 효과가 미미하다. 아이 양육에 대해 부모의 선택권을 보장해 주는 정책을 통해 해결해 가야 한다. 부모가 직접 자녀들을 위해 사용할 수 있도록 직접적인 경제 지원 정책을 마련해야 한다. 몸이 약한 아이는 운동을 권장하고, 집에서 아이를 홈케어로 직접 양육하고 싶은 가정은 가정에서 생활비로 지원금을 사용하도록 선택권을 주어야 한다.

　임신 자체가 힘든 일이고 아이 육아가 힘든 일인 것을 우리 모두 알고 있다. 이를 도와 줄 수 있는 제도와 인식개선을 통해 해결해가야 한다. 특히 미혼모 지원에 교회가 관심을 가지고 앞장서야 한다. 여러 이유로 미혼모가 된 이들과 그 가족들을 품어 주고 도와주어야 한다. 하나님에서 멀어진 사람이 사회적 약자다. 미혼모가 하나님으로부터 멀어지지 않도록 도와주어야 한다.

8

크리스천이 선택할 수 있는 피임법과 피해야 할 피임법

가. 피임이 필요한 상황들

　육체적으로나 환경적으로 허락만 된다면 생육하고 번성하라는 문화명령에 따라 많은 자녀를 생산하는 것이 바람직한 일이다. 하지만 모든 육체가 많은 출산과 양육을 감당하기에 합당한 조건을 가진 것이 아니다. 때에 따라 피임을 하지 않으면 안 될 상황들이 있다.
　여성이 심각한 질병이나 임신하기에 어려운 허약한 상태이거나, 어려운 상황 아래서 출산을 한 후 연이어 임신을 하기 힘든 상황, 심각한 유전적 질환을 가진 경우, 이른 나이에 결혼을 하여 취업과 학업을 함께 진행해야 하는 상황, 육체적으로나 정신적으로 더 많은 아이를 양육할 여력이 안 되는 상황들이다. 꼭 필요한 상황에 피임을 선택하지 않으면 낙태의 유혹을 받기 쉽다.

나. 가톨릭의 입장

　로마 가톨릭교회는 고대 시대부터 널리 퍼져 있던 문란한 성문화 풍조에 대한 반동으로 입장을 정해왔다. 오리겐의 스승인 알렉산드리아의 크레멘트 교부는 남자와 여자가 결혼하였어도 부부가 갖는 성관계는 아이를 낳기 위해서만 해야 하고 그 외에는 하지 말아야 한다고 가르쳤다. 오리겐은 후에 "크리스천이 침대 위에서 하는 기도는 하나님이 들으시지 않는다. 왜냐하면 침대 위에서 부부관계가 이루어지기 때문이다"라고까지 말했다.
　어거스틴 역시 오직 출산을 위해서만 부부관계를 해야 한다고 했다. 그는 피임은 "부부의 침실을 매춘굴로 바꾸는 것이다." "피임을 사용하는 부부는 혼인으로 맺어진 것이 아니라 성적 유혹 때문에 맺어진 것"이라고 표현했다. 어거스틴의 영향력은 지대하여 수 세기 동안 내려오면서 피임에 반대하는 가톨릭의 가르침에 정초를 만들었다.
　1968년 교황 바오로 6세가 작성한 회칙 후마내 비테 (Humanae vitae)는 피임에 관한 가톨릭교회의 입장을 재차 강조했다. 모든 성관계의 목적은 출산과 배우자의 일치이며, 이 과정에 대한 인위적인 간섭은 도덕적으로 잘못된 것으로 간주했다. 자연주기법에 의한 피임 방법 외에 모든 피임법을 반대하고 있다.

다. 프로테스탄트의 입장

개신교는 가톨릭과 피임에 관한 입장이 매우 다르다. 종교개혁운동의 영향과 의학의 발달로 이용할 수 있는 피임 방법이 많이 개발되었다. 종교개혁운동은 결혼의 목적과 결혼 안에서의 성행위에 대한 관점에 많은 영향을 주었다. 프로테스탄트의 결혼에 관한 가치는 아우구스티누스와 토마스 아퀴나스의 입장과 달랐다. 가톨릭과 달리 종교개혁가들은 결혼을 성례에 넣지 않았다. 오히려 결혼의 중요성을 동반자 의식과 함께 성행위를 출산과 성적 즐거움을 얻는 것으로 여겼다. 결혼 안에서의 성관계는 부부들이 결정할 수 있는 사적인 일로 여겼다. 하지만 개신교 내에서도 20세기 초에 이르러서야 피임을 인정하는 입장으로 정리되었다.

라. 선택할 수 있는 피임법과 하지 말아야 할 피임법

가톨릭의 경우 모든 피임 방법을 반대하지만 오직 자연주기법에 의한 피임만 허용하고 있다. 오늘날 선택할 수 있는 피임 방법은 다양하다. 하지만 의학의 발달로 개발된 많은 피임 방법 중에서 기독교인이 선택할 수 있는 것이 있고 피해야 할 것이 있다. 그 사용가능 여부는 그 피임 방법에 수정란을 죽이는 것이 포함되었는지 아닌지에 달려 있다.

선택 가능한 피임법에는 자연 주기법, 콘돔, 페서리, 살정제, 먹는 피임약, 피하 호르몬제, 난관결찰술, 정관결찰술 등이 있다. 이들 피임법은 난자와 정자가 만나는 것을 원천적으로 차단하는 기전을 가지고 있다.

반면, 선택하면 안 될 피임법에는 수정란의 착상을 막아 수정란을 죽이는 피임 방법인 자궁내 장치(루프), 응급 피임약 등이 있다.

9
성적인 범죄 어떻게 대처해야 하나

가. 우리를 위협하는 성적인 범죄들의 종류는?

- 동거, 혼전 성관계, 혼외 성관계, 동성애, 음란물

나. 성범죄 어떻게 대처해야 하나?

① 피하라.
② 보지 마라.
③ 친구를 잘 사귀라.
④ 결혼하라.
⑤ 회개하고 돌이키라.

새가 우리 머리 위로 지나가는 것을 막을 수는 없지만 우리 머리에 집을 짓는 것은 막을 수 있다. - 마틴 루터-

- 낮에와 같이 단정히 행하고 방탕하거나 술 취하지 말며 음란하거나 호색하지 말며 다투거나 시기하지 말고 오직 주 예수 그리스도로 옷 입고 정욕을 위하여 육신의 일을 도모하지 말라 (롬 13:13, 14)
- 여호와께서 말씀하시되 오라 우리가 서로 변론하자 너희의 죄가 주홍 같을지라도 눈과 같이 희어질 것이요 진홍같이 붉을지라도 양털같이 희게 되리라 (사 1:18)
- 이와같이 그리스도도 많은 사람의 죄를 담당하시려고 단번에 드리신 바 되셨고 구원에 이르게 하기 위하여 죄와 상관없이 자기를 바라는 자들에게 두 번째 나타나시리라(히 9:28).
- 그런즉 누구든지 그리스도 안에 있으면 새로운 피조물이라 이전 것은 지나갔으니 보라 새것이 되었도다 (고후 5:17)

10 행복한 결혼, 좋은 부모

가. 행복한 결혼을 원한다면

1) 배우자의 조건을 정하라.
2) 자족하라.(비교하지 않기)
3) 작은 일에 감사하라.
4) 롤모델을 찾아라.
5) 좋은 책을 읽어라.
6) 자기 성찰 글을 쓰자.

나. 좋은 부모(Good parent)가 되려면

1) 자녀는 나의 소유가 아니다.
2) 신앙의 롤 모델이 되라.
    ① 말씀을 읽도록 이끌어 주라.
    ② 기도하는 자녀가 되도록 이끌어 주라.
    ③ 부끄럽지 않은 부모가 되라.
    ④ 감사하는 모습을 보여주라.
    ⑤ 칭찬하는 모습을 보여주라.
3) 주님의 손에 맡겨 드려라.
4) 삶의 우선순위를 알려주라.
5) 기도의 동역자가 되라.